Macron-Poutine,
les liaisons dangereuses

Isabelle Lasserre

Macron-Poutine, les liaisons dangereuses

Éditions de
L'Observatoire

ISBN : 979-10-329-2682-6
Dépôt légal : 2023, mai

170 *bis*, boulevard du Montparnasse, 75014 Paris

En guise d'introduction

« On voit que, si la puissance russe a servi la France en 1815 et en 1914, la France a quand même plutôt pâti que bénéficié de ses rapprochements successifs avec la Russie, par quoi elle fut souvent trompée, souvent trahie et presque toujours déçue. Pierre IV trahit la France au profit de la Prusse et nous fait perdre la guerre de Sept Ans. Alexandre Ier trahit Napoléon au profit de la Prusse qu'il sauve et nous fait perdre le fruit des conquêtes napoléoniennes. Nicolas II nous entraîne au conflit de 1914, que la Russie termine par la paix séparée de Brest-Litovsk. Au regard de ce passif, l'actif le plus clair est d'avoir hâté, en 1815, la libération du territoire français et d'avoir, en 1891, rompu la solitude diplomatique de la France... que bien des Français, d'ailleurs, devaient, peu après 1891, durement regretter.

La première raison à ce fait, c'est que la France, toujours très mal informée de la Russie, pénètre mal les desseins et prévoit mal les réactions de la diplomatie russe. Cette diplomatie que l'opinion publique ne contrôle pas est très secrète, souvent double, presque toujours hypocrite. La France, définie avec une si splendide netteté par la géographie et par l'histoire et qui forme si évidemment un royaume, comprend mal que, la Russie étant un empire pour lequel la notion de frontières demeure abstraite et confuse, ses ambitions, qui tantôt s'apaisent et tantôt s'exaspèrent, ne sont jamais assouvies, jamais non plus irréductibles et peuvent porter sur des points très divers. À certaines époques, la Russie se sent trop grande plutôt que trop petite et ne souhaite aucun accroissement territorial. À d'autres époques, elle cherche à s'étendre vers la Baltique. À d'autres, ce sont les Balkans qu'elle convoite ; à d'autres, c'est Constantinople, les Détroits, et le souvenir de Byzance qui l'obsède. À d'autres moments, la Caspienne lui fait oublier la mer Noire, elle ne songe qu'à la Perse, à l'Afghanistan même. À d'autres périodes, elle cesse quasiment de s'intéresser à l'Europe, s'étire vers la Chine et porte vers le Pacifique le plus gros de ses énergies. Ces changements surprennent sans cesse la France qui, elle, pense toujours au Rhin. Surprise par la direction de la politique russe, elle ne l'est pas moins par la révélation des ressources de la Russie, que tour à tour elle exagère et minimise. Tantôt elle voit dans la Russie une nation barbare et s'étonne de découvrir soudain qu'il y a des écrivains, des musiciens russes. Tantôt, par une exagération inverse, elle imagine la Russie semblable aux nations occidentales, et, dupe alors de faux calculs, elle croit que rien ne peut résister à cet immense territoire et à cette innombrable population.

À ces causes générales d'erreur s'ajoute le fait que la Russie, chaque fois qu'elle se trouve dans un rapport diplomatique étroit avec la France, joue avec beaucoup d'astuce et beaucoup de soin des luttes intérieures de la France. À cet égard, il y a une tradition constante depuis Alexandre Ier jusqu'à Izvolski… et sans doute jusqu'au gouvernement soviétique qui est beaucoup plus intervenu dans la politique intérieure de la France que la France n'est jamais intervenue dans la politique intérieure de la Russie. Manque d'imagination, manque d'information, manque de résistance à la propagande ; la France se fait de la politique russe des représentations généralement erronées. »

Ce texte aurait pu être écrit aujourd'hui. Mais il a été publié en 1937 par l'historien et essayiste Emmanuel Berl, dans *Le Fameux Rouleau compresseur*, paru chez Gallimard. En quatre-vingt-cinq ans, ces lignes, qui n'ont pas pris une ride, résonnent de manière troublante avec la période contemporaine. Elles résument à elles seules la particularité de la relation franco-russe.

« Je crois qu'il a changé. Et qu'il a changé pour de vrai cette fois. » C'est ce qu'a affirmé Volodymyr Zelensky dans l'interview qu'il a donnée au *Figaro*, en février 2023. Le président français a-t-il vraiment changé ?

Première partie

Un présent qui rejoue le passé

Chapitre I

La diplomatie du coup de fil

De sa citadelle assiégée, défendu par les murs rouge sang du Kremlin, protégé par les ors bienveillants de la cathédrale orthodoxe Saint-Basile, surveillé par Lénine depuis son mausolée sur la place Rouge, dans le huis clos de son clan issu de l'aile dure du KGB, Vladimir Poutine fait aussi la guerre à l'Ukraine par téléphone. Et au bout du fil, on trouve, très souvent, Emmanuel Macron. Ce fut le cas dès le premier jour. Quelques heures après le déclenchement de l'invasion de l'Ukraine, le 24 février, le chef de l'État français, « choqué et incrédule », selon un membre de son entourage, appelle le maître du Kremlin et lui dit, en substance : « Tu as pris une décision historique qui va nous séparer pendant longtemps. J'en prends acte et je ne sais pas quand on se reparlera. Je prendrai les décisions nécessaires. Je n'aurai aucune faiblesse. J'espère que tu comptes arrêter bientôt, car c'est un énorme gâchis. Je te demande d'arrêter les combats, d'appeler Zelensky et d'engager avec lui un processus de négociations. Tu vas être mis au ban de la communauté internationale… » Jusqu'au dernier moment, le président français a pensé que Vladimir Poutine était un être rationnel, qui allait faire passer les intérêts de son pays avant ses rancœurs et son idéologie, qu'il pouvait être sensible aux arguments modérateurs de dirigeants bien intentionnés. Mais ce jeudi noir 24 février à l'aube, quand tonnent les premiers canons et que les ciels des villes ukrainiennes s'illuminent de feux d'artifice mortels, il semble abasourdi alors que se noient ses illusions dans les eaux calmes mais grises de la Moskva. À l'autre bout du téléphone, il entend un président empli de haine et de désir de vengeance, comme s'il était habité par le démon. Enfermé dans un monde parallèle, dont les fenêtres sur l'extérieur sont verrouillées à double tour, comme s'il était prisonnier des glaces soviétiques, Vladimir Poutine est entraîné par une logique de destruction et de fuite en avant pour faire tomber, coûte que coûte, cette Ukraine qui lui tourne le dos et regarde vers l'ouest, l'horizon interdit. « Je sais que Zelensky est terré dans son bunker comme Hitler. Mais je sais où est son bunker... Soit je rase l'Ukraine, soit je coupe sa tête politique. »

Pour qui connaît la Russie et le régime de Vladimir Poutine, les cartes sont déjà jetées depuis longtemps et ce n'est pas un simple coup de téléphone qui peut les rebattre. Mais on ne peut reprocher à personne d'avoir essayé d'influencer le maître du Kremlin. Quelques jours plus tard, nouvel échange téléphonique entre les deux présidents. Comme s'il était pris d'un accès de folie délirante, Vladimir Poutine évoque « les nazis qui défilent à Kiev ». Prisonnier de sa paranoïa politique, il dit à Emmanuel Macron son « obsession » pour les tatouages nazis dont tous les Ukrainiens seraient recouverts « des pieds à la tête » et la « nécessité » de « dénazifier » l'Ukraine. Le président français n'est pas du genre à être déstabilisé, même quand son interlocuteur paraît délirant, et il a le sens de la repartie. « C'est vrai que les miliciens de Wagner, eux, sont des enfants de chœur et qu'ils n'ont pas de tatouages nazis ! Je vais t'envoyer leurs photos et j'espère que tu feras la même chose avec eux ! » lui répond-il en substance. « Le président se permet de dire des choses que Vladimir Poutine n'entend pas dans son propre cercle », assure un proche d'Emmanuel Macron. Le ton se veut détendu, mais à Paris l'humeur est grave. « En ce début de guerre, nous étions très inquiets pour Zelensky et pour les siens », explique la source diplomatique qui relate la conversation entre les deux chefs d'État.

Ce sont deux des 21 conversations téléphoniques qui ont eu lieu entre Emmanuel Macron et Vladimir Poutine depuis le 14 décembre 2021. Deux « messages d'urgence » proférés par l'Élysée à une époque où le président français pensait qu'il était encore possible de faire reculer le maître du Kremlin. À force, les deux chefs d'État ont fini par bien se connaître. À l'Élysée, dans le bureau du président, autour du téléphone, toujours les mêmes témoins, même si certains ont depuis changé : le conseiller diplomatique Emmanuel Bonne, la conseillère diplomatique adjointe Alice Rufo, la conseillère Russie Isabelle Dumont, le chef d'état-major particulier du président (CEMP), l'amiral Jean-Philippe Rolland, la conseillère en communication internationale Anne-Sophie Bradelle et une traductrice, toujours la même. Une équipe rodée à l'exercice, qui a appris à communiquer par les yeux et les hochements de tête. Quand Vladimir Poutine prend la parole, et pendant tous ses longs monologues nourris de reproches à l'Occident, de relecture de l'histoire et de mensonges grossiers, les conseillers de l'Élysée appuient sur la touche « mute » du téléphone et commentent pour le président les propos du maître du Kremlin. Côté russe, autour du « tsar » Vladimir Poutine, le conseiller du président Yuri Ushakov, principal contact de l'Élysée, une traductrice et sans doute d'autres témoins dont l'Élysée ne connaît pas forcément le nom… Mais on imagine facilement leurs expressions… Est-on seulement toujours au Kremlin ? Nul n'en a la certitude à Paris, car la rumeur moscovite évoque trois exemplaires identiques du bureau présidentiel : un au Kremlin, un dans la datcha de Novo-Ogaryovo, près de Moscou, et un à Sotchi, dans le Sud ensoleillé du pays.

Les coups de fil entre Emmanuel Macron et Vladimir Poutine n'ont jamais duré moins d'une heure. Les « corps à corps » entre les deux présidents, selon l'expression d'une source diplomatique, ont parfois été glaçants, souvent « épuisants », à défaut d'être productifs. En général, les rendez-vous téléphoniques, initiés par l'Élysée, sont programmés la veille pour le lendemain. Mais le 20 février, quatre jours avant la guerre, quand la tension était à son comble, Vladimir Poutine a répondu à un appel spontané d'Emmanuel Macron à 1 heure du matin. Il était 3 heures à Moscou, mais le président russe, qui se lève tard le matin, veille toujours jusqu'à une heure avancée de la nuit. Il arrive aussi que ce soit le « tsar » du Kremlin qui prenne l'initiative, mais ce n'est jamais bon signe. Ce fut le cas par exemple le 21 février, quand Vladimir Poutine a annoncé à Emmanuel Macron qu'il allait reconnaître l'indépendance des « oblast » (provinces) de Lougansk et de Donetsk, dans le Donbass. La conversation, qui précédait un appel au chancelier allemand, avait commencé par ces mots : « Je pense que tu ne vas pas vouloir me reparler tout de suite… »

Et voilà ce qu'Emmanuel Macron lui avait répondu, en substance : « C'est inadmissible pour la communauté internationale et non conforme à toutes les règles internationales, dont les accords d'Helsinki. » À Paris, le message avait été clairement interprété : Vladimir Poutine était en train de tuer les accords de Minsk, au moment précis où les Ukrainiens donnaient des gages de bonne volonté... Une manière d'enterrer les dernières illusions de paix qu'il restait pour la région.

Depuis le début de la crise, Emmanuel Macron veut garder à tout prix une ligne de communication avec le Kremlin, pour, dit-il, « éviter l'escalade ». L'obsession du président à vouloir dialoguer avec Vladimir Poutine a été l'un des fondements de la politique russe de la France depuis le début de la guerre. Et même quand le dialogue direct a dû être interrompu, après la découverte des massacres de Boutcha début avril 2022 par exemple, ou à l'automne de la même année, après de nouvelles atrocités, quand le Kremlin, sur la défensive militaire, avait franchi de nouveaux caps dans l'escalade, ou encore plus récemment, quand sa volonté d'appeler Poutine, à l'automne 2022, n'a pas pu déboucher, Emmanuel Macron a tenté de le forcer de manière indirecte. Exemple, le 25 octobre, quand il a délégué au pape le rôle qu'il ne pouvait plus tenir lui-même, en tout cas provisoirement. « J'ai encouragé le pape François à appeler Vladimir Poutine et le patriarche Kirill de Moscou, mais aussi Joe Biden », a-t-il confié à quelques journalistes dans l'avion qui le ramenait du Vatican. « On a besoin que les États-Unis s'assoient autour de la table pour favoriser le processus de paix en Ukraine... Or, Joe Biden a, avec le pape, une vraie relation de confiance. Le pape peut avoir une influence sur lui pour le réengagement américain en Ukraine », a-t-il ajouté. Le pape a toujours condamné le conflit et tenté de maintenir un dialogue diplomatique avec Moscou et l'Église orthodoxe russe, très alignée sur le Kremlin. D'où, pour le président français, la nécessité d'un « dialogue religieux » et l'espoir que l'Église catholique puisse jouer un « rôle » pour apaiser le conflit.

Apaiser, parler, dialoguer, comprendre, convaincre plutôt que menacer. Telle est la méthode d'Emmanuel Macron pour tenter de canaliser les pulsions destructrices et impérialistes du tsar soviétique qui a lié son destin à celui de son pays et, pour son plus grand malheur, à celui de son peuple. « Dialoguer, ce n'est pas un signe de faiblesse. Il faut dialoguer même si c'est risqué. C'est laborieux et ça peut être pénible. Mais ça peut aussi aider à désamorcer certaines crises », considère l'ambassadeur à Moscou Pierre Lévy. Pourtant, l'acharnement diplomatique d'Emmanuel Macron n'a quasiment donné aucun résultat. Ni avant, ni après. Avant la guerre, le président français voulait, selon une source à l'Élysée, « faire tout ce qui était possible pour éviter le pire ». C'est dans cette optique qu'il s'est rendu à Moscou, le 7 février, pour parler avec le maître du Kremlin. En proposant cette rencontre de la dernière chance, Emmanuel Macron ne voulait pas « faire un pari sur la Russie et sur Vladimir Poutine », mais « servir les nécessités françaises et européennes ». Pourtant, les concessions qu'il pensait avoir obtenues au Kremlin, notamment le retrait des troupes russes de Biélorussie, engagées dans des exercices militaires, ont volé en éclats à peine son avion avait-il redécollé de Moscou. La parole du maître du Kremlin ne vaut que pour ses alliés et ses obligés, pour Bachar el-Assad, Ramzan Kadyrov, le tyran « islamiste » de Tchétchénie, certaines juntes africaines ou le président vénézuélien Nicolas Maduro. Pas pour les responsables de cet Occident qu'il exècre.

Le 20 février, quelques jours avant la guerre, Emmanuel Macron avait encore, avec l'accord du président américain, proposé à Vladimir Poutine une rencontre à Genève avec Joe Biden. Comme souvent, l'échange a d'abord pris la forme d'un dialogue de sourds, avec un Vladimir Poutine niant la légitimité du gouvernement ukrainien. « Ils ont accédé au pouvoir par un coup d'État, il y a eu des gens brûlés vifs, c'était un bain de sang et Zelensky est l'un des responsables ! » Après s'être longuement fait prier, après avoir écouté les réponses du président français – en substance : « C'est faux, les Ukrainiens n'ont rien fait », le maître du Kremlin avait, pensait-on à l'Élysée, donné son « accord de principe » pour que ses équipes travaillent avec celles de Macron à un texte conjoint sur la future rencontre. Ce résultat avait été rendu public avec enthousiasme par les équipes de l'Élysée, qui voyaient déjà un succès diplomatique majeur pour la France. Nouvelle illusion. La « promesse » avait été murmurée du bout de la langue et à contrecœur par Vladimir Poutine, qui cherchait visiblement à se débarrasser de son interlocuteur. « Merci, Emmanuel. J'ai toujours beaucoup de plaisir à parler avec toi, parce que nous sommes dans une relation de confiance. Pour ne rien te cacher, je voulais aller jouer au hockey sur glace. Là, je te parle depuis la salle de sport. » La désinvolture n'avait pas été remarquée à Paris, comme si le président et son équipe avaient refusé de voir les signaux négatifs qui émanaient du Kremlin. Le lendemain, ils réaliseront que Vladimir Poutine n'avait eu aucune intention d'envisager cette rencontre, quand le porte-parole du Kremlin Dmitri Peskov enterrera la proposition en y mettant de nouvelles conditions... Quatre jours plus tard, la Russie envoyait ses troupes en Ukraine... Emmanuel Macron a surestimé l'influence qu'il peut avoir sur un ancien agent du KGB. Dans les semaines qui suivront, il arrivera, confirme une source à l'Élysée, que l'assistant du président russe, Yuri Ushakov, laisse sonner dans le vide quatre coups de fil successifs de l'Élysée.

« La réalité est une option parmi d'autres, quand on parle aux Russes », résume brillamment le diplomate Pierre Lévy. On pourrait ajouter : elle n'est de loin pas la plus probable... Celle de Vladimir Poutine est une succession de mensonges et de trahisons. Sujet après sujet, les tentatives d'Emmanuel Macron se sont heurtées aux *niet* du Kremlin, à ses démentis, ses coups fourrés, ses traîtrises et ses rires sarcastiques, qu'il s'agisse de la libération des combattants d'Azovstal ou de la création de couloirs humanitaires. Un sujet, un seul, en tout cas officiellement, n'a pas été évoqué ouvertement, mais seulement entre les lignes, car il est tabou, c'est celui d'une attaque nucléaire. « Mais Vladimir Poutine a laissé entendre qu'il ne déclencherait pas la troisième guerre mondiale », assure un diplomate. Cette « assurance », de la part d'un dirigeant qui foule aux pieds tous ses engagements, n'est pas la panacée. Mais elle est la seule branche à laquelle les diplomaties européennes ont pu se raccrocher pendant de longs mois. Le président russe s'est aussi rarement appesanti sur les sanctions économiques. Sauf pour affirmer, « d'un ton détaché », qu'il suffirait de les lever « pour que tout aille bien et redevienne comme avant »...

Emmanuel Macron aime se confier dans les avions quand il rentre d'un déplacement qu'il pense porteur d'espoir. Mais en revenant de Kiev, dans le train qui le ramenait vers la Pologne en juin 2022, il a reconnu à demi-mot son échec. « Je pensais qu'on pouvait trouver par le chemin de la confiance, de la discussion intellectuelle, un chemin avec Vladimir Poutine. » Ce chemin est en fait barré d'un sens interdit géant et hérissé de pics depuis de longues années. Tous les spécialistes de la Russie, ce pays si particulier, pétri d'une culture, brillante certes dans les arts et les lettres, mais qui écrase les individus et se débat avec une histoire faite de violences et de douleurs, le savent : seul l'état des forces sur le terrain dictera le champ possible d'une éventuelle négociation avec le Kremlin. Tout le reste n'est que chimère, illusion, fausse espérance.

Même sans résultats, l'Élysée a pourtant toujours considéré et considère encore que les échanges téléphoniques avec Vladimir Poutine sont utiles. Emmanuel Macron se défend de toute naïveté vis-à-vis du président russe. « Mais si on ne lui fait pas la guerre et qu'on ne lui parle pas, alors que fait-on ? » demande une source diplomatique. Les conversations avec le président russe visent d'abord, explique-t-elle, à « sonder ses intentions, à le débusquer, à saisir l'état d'esprit dans lequel il est ». Bref, à entrer dans cette tête que personne n'a jamais réussi à comprendre, si l'on en croit ceux qui l'ont connu de très près, comme l'oligarque Sergueï Pougatchev, aujourd'hui réfugié à Nice, mais qui fut l'un de ses proches : « Poutine est une personne très fermée, que personne ne comprend jusqu'au bout. Pas même ses enfants et son ex-femme. » Peu importe. Emmanuel Macron considère que maintenir un lien avec celui qui a précipité son pays dans l'abîme permet de mieux anticiper ses actions et donc les réponses des Occidentaux. C'est en parlant avec Vladimir Poutine que le président français a pu ainsi saisir l'intensité et la profondeur de la haine qu'il voue à Volodymyr Zelensky, le « comédien » exécré. « Depuis que Poutine a pris le chemin de la guerre, on a essayé de s'adapter. On tente depuis fin février de le “débunkeriser”, de le ramener à la réalité. Il est important qu'Emmanuel Macron lui dise une autre vérité, pour qu'il puisse mesurer le coût de ses actions. Si on ne faisait de la diplomatie qu'avec les gens avec qui l'on est d'accord, on ne parlerait pas à grand monde... », explique un diplomate au début de l'été 2022. Il ajoute, à destination des pays d'Europe de l'Est : « Quant aux États européens qui critiquent la France, ils sont généralement les premiers à nous demander de les débriefer sur Poutine pendant les rencontres internationales. »

Vues de Paris, les conversations avec Poutine visent aussi à « préparer l'avenir ». « La France souhaite que la guerre s'arrête, qu'un cessez-le-feu soit mis en œuvre le plus rapidement possible. Il y aura bien un jour une fin de l'histoire et de toute façon il faudra négocier », affirmait le ministre des Affaires étrangères Jean-Yves Le Drian au printemps 2022. Un jour, la paix reviendra et Paris conserve l'espoir que la France jouera, grâce à ce canal maintenu ouvert, un rôle dans les négociations et la future architecture de sécurité du continent européen. « Il faut garder la capacité de parler à Vladimir Poutine pour préparer l'avenir », résume une source diplomatique. Ne serait-ce parce que la position des Occidentaux – sanctions contre la Russie et soutien militaire à l'Ukraine – n'est pas partagée, loin de là, par les acteurs mondiaux. L'Afrique, l'Asie, le Moyen-Orient et l'Amérique latine penchent plutôt du côté de Vladimir Poutine, ou au moins entendent rester neutres.

Mais il existe une autre raison, que la France partage avec l'Allemagne. Contrairement aux États-Unis, au Royaume-Uni, aux pays baltes et à d'autres États d'Europe centrale et orientale qui voient dans la guerre en Ukraine une lutte des démocraties contre les dictatures, Paris ne souscrit pas à une analyse jugée « trop simple » et « trop caricaturale ». « On ne peut pas être l'empire du bien contre le mal. Ça ne marche pas. Le président ne veut pas entrer dans la logique qui consiste à opposer les démocraties aux dictatures, car ce n'est pas pertinent », affirme un haut diplomate. Même si les pays d'Europe orientale ont eu raison dans leur analyse du régime russe ? « N'oubliez pas qu'ils avaient eu tort en 2003 en soutenant l'invasion de l'Irak par George Bush… Pas nous ! » répond-il. À Paris, on continue à penser que la guerre en Ukraine doit se terminer « le plus vite possible ». En l'absence de négociations et d'accord, l'Ukraine risque, sous le poids d'une occupation de plus en plus grande, de se « désintégrer ». Et la guerre de s'étendre au-delà de ses frontières actuelles. L'Europe n'en serait que plus fragilisée et divisée. L'apaisement et les négociations : ce n'est pourtant pas vraiment le chemin qu'a pris la guerre. Mais l'Élysée ne fait pas non plus de la diplomatie du téléphone un principe idéologique. Quand les événements l'exigent, par exemple après la découverte des massacres de Boutcha, en mars, elle a été interrompue. Les rendez-vous ont été annulés *sine die*.

Depuis le 28 mai, les deux présidents se sont téléphoné plus rarement. Entre-temps, Emmanuel Macron s'est rendu à Kiev pour y clarifier la position française et apaiser les tensions entre les deux pays. Chaque coup de fil avec Vladimir Poutine a toujours fait l'objet d'un débriefing avec Volodymyr Zelensky. Depuis le 10 décembre 2021, Emmanuel Macron et son homologue ukrainien se sont parlé – ou vus – 44 fois ! Il est même arrivé plusieurs fois que le président ukrainien demande au chef de l'État français de s'entretenir avec Poutine, notamment pour lui suggérer une rencontre... Officiellement, même si Volodymyr Zelensky a fait part à Emmanuel Macron de son scepticisme vis-à-vis du dialogue franco-russe, il n'a pas exigé de lui qu'il renonce à ses coups de téléphone au Kremlin. Mais avec la guerre qui se durcit, avec cet ensauvagement de la Russie de Poutine, la diplomatie française du téléphone a perdu toute légitimité auprès des pays d'Europe centrale et orientale, ceux qui ont vécu dans leur chair l'occupation soviétique et redoutent toujours les pulsions impériales de l'ours russe. Il y a des manières soft de le dire : « Parler et négocier, nous savons tous que ce n'est pas la même chose. Mais quand il dialogue avec Poutine, Emmanuel Macron devrait le faire plus discrètement », résume un diplomate français. Et des manières plus dures : « On ne débat pas, on ne négocie pas avec les criminels... Personne n'a négocié avec Hitler. Est-ce que vous négocieriez avec Hitler, avec Staline, avec Pol Pot ? » avait lancé, début avril, le Premier ministre polonais Mateusz Morawiecki au président français. Les plus modérés reprochent à Emmanuel Macron ses erreurs d'analyse sur la nature du régime de Vladimir Poutine, l'utilisation trop précoce d'expressions qui heurtent, comme la volonté de « ne pas humilier la Russie », alors que la guerre ne laisse pour l'instant aucune place à la négociation. Les appels à Vladimir Poutine ne servent selon eux qu'à

« légitimer » le maître du Kremlin, toujours prompt à creuser les divisions européennes. Ils révèlent, disent-ils, une « traditionnelle ambiguïté » supposée de la politique russe de la France. La méthode d'Emmanuel Macron est jugée inefficace. Elle apparaît aussi à contretemps. Car si le dialogue se justifiait au début de la guerre, quand personne ne savait de quel côté elle pencherait, quand Volodymyr Zelensky lui-même, incertain sur le sort de son pays et la détermination de son peuple et de son armée, se disait prêt à des négociations, si, en deux mots, l'intention d'arrêter la guerre fut louable, elle est devenue difficile à défendre depuis que des crimes de guerre ont été commis et face à la détermination des combattants et du pouvoir ukrainiens. « Poutine ne sait pas ce que sont la dignité et l'honnêteté. Par conséquent, nous sommes prêts à dialoguer avec la Russie, mais avec un autre président de la Russie », résument les dirigeants ukrainiens. En tout état de cause, la fixation d'Emmanuel Macron sur le dialogue avec Vladimir Poutine, même si elle s'est accompagnée d'un soutien et d'une empathie à l'égard de l'Ukraine, a handicapé le reste de sa politique russe et ukrainienne. À la fin, le bilan de ce dialogue n'est qu'une coquille vide. « Penser que parler à Vladimir Poutine peut le changer relève de la même illusion que celle qui a prévalu au cours des années récentes. La diplomatie ne marche pas avec Vladimir Poutine », écrit l'essayiste Nicolas Tenzer. Le problème n'est pas tant le dialogue avec la Russie, nécessaire, car la Russie restera un voisin de l'Europe et de l'Ukraine et qu'on ne change pas la géographie, mais le fait que ce dialogue doit tenir compte du moment et se donner un objectif. Il doit être fondé sur une approche réaliste de la situation et non relever d'une stratégie utopique de la réalité.

Chapitre II

La tentation russe de Macron et l'échec du « reset »

Entre Emmanuel Macron et Vladimir Poutine, tout avait bien commencé. Sur la lancée de son élection spectaculaire, le jeune président français, quasiment vierge dans le domaine des affaires étrangères, mais à qui l'énergie et l'intelligence donnent des ailes, s'attaque, sûr de lui, au dinosaure de la politique internationale, celui qui malmène son peuple et ses voisins depuis 2008 et déstabilise l'ordre mondial et le camp occidental. En 2017, Vladimir Poutine est au pouvoir depuis dix-sept ans et nul doute qu'il pense ne faire qu'une bouchée de ce jeune inspecteur des finances très urbain qui a déboulé sur la scène politique française comme une météorite. Il est roué aux méthodes de voyou depuis son enfance chaotique et solitaire dans les rues de Leningrad. Il a appris par le judo l'art de s'appuyer sur les faiblesses de l'adversaire pour le battre. Il a été nourri, biberonné même, aux rapports de force et à la violence politique par sa formation dans les rangs totalitaires du KGB. De cette période-là, Vladimir Poutine a hérité d'un regret immense, qui le ronge chaque jour et attise sa colère : la disparition de l'Union soviétique, qu'il considère comme « la plus grande catastrophe géopolitique du XX siècle ». Et d'une ambition qui ne le lâchera jamais, celle de redonner à la Russie une place de première division sur la scène internationale. En 2017, l'ours russe a déjà planté ses griffes dans les chairs de la petite république caucasienne de Géorgie, il a déjà annexé la Crimée, arrachant ainsi, en violation de tous les traités internationaux, un bout de son corps à l'Ukraine. Mais Emmanuel Macron, à qui rien ne fait peur, pense pouvoir l'apprivoiser.

Le président français a de l'instinct politique et le sens de la communication. C'est dans l'un des lieux les plus symboliques de l'histoire française, le château de Versailles, qu'il accueille Vladimir Poutine pour la première étape du « reset », le « redémarrage des relations », moins d'un mois après avoir été élu. Le programme était magnifique et convenait aux deux dirigeants : une exposition consacrée à Pierre le Grand, le tsar qui a dressé tant de ponts diplomatiques entre la France et la Russie, une conférence de presse dans la galerie des batailles, celles des victoires militaires françaises. Le tout sous l'œil vif et l'allure royale des chevaux de la garde républicaine. Ce moment fut un must de la France-Russie. Pour cette première rencontre, Emmanuel Macron a su faire du « en même temps », qui sied si mal à la politique étrangère, un véritable atout. Il a ouvert la porte à Vladimir Poutine, notamment sur la Syrie et sur l'Ukraine, en l'assurant qu'aucune des grandes crises internationales ne serait traitée sans la participation de la Russie. Mais il a aussi fait part de ses divergences avec le maître du Kremlin et critiqué les journalistes de *Sputnik* et de *Russia Today*, « des agents d'influence et de propagande mensongère ». Emmanuel Macron avait en tête les opérations de piratage orchestrées par la Russie pendant la campagne électorale. En quelques heures, avec une grande habileté diplomatique, le président français a établi les conditions de base du « reset », sur lequel tout le monde avant lui, même Barack Obama, s'était cassé les dents. Et personne en France n'a trouvé à y redire. Ni les critiques de Vladimir Poutine, ni ses plus chaleureux partisans, et Dieu sait si, dans ce pays, ils étaient nombreux avant que l'attaque du 24 février 2022 ne les contraigne, parfois de manière spectaculaire, à recadrer leur analyse ou à retourner leur veste sur un plateau de télévision. Pourtant, le rapport de force n'était pas forcément là où on le croyait. « À Versailles, Vladimir Poutine a harponné Emmanuel Macron. Il lui a fait croire que c'était lui le chef. Il a fait exprès de baisser les épaules et de courber l'échine. Mais en sortant de la réunion de Versailles, dans l'interview qu'il a donnée au *Figaro*, il avait abandonné son masque de douceur et repris son ton combatif et antioccidental. Le président russe a l'habitude de faire son marché en Europe. Il sait comment s'y prendre. Il avait utilisé la même technique pour séduire le chancelier allemand Gerhard Schröder », décrypte l'ancien ambassadeur français à Moscou Michel Duclos.

Un an plus tard, le revoilà aux côtés du tsar russe, dans les couloirs du palais Constantin à Saint-Pétersbourg, la ville la plus européenne du pays. À nouveau, il exhorte la Russie, ce pays à cheval entre deux continents, où la pensée des Lumières du XVIIIe siècle a été éteinte par la dictature communiste, à reconnaître ses racines occidentales et à reprendre la coopération avec l'Europe et les États-Unis. Mais le jeune président français est aussi sensible à l'histoire. À la nécropole de Piskarevskoïe, où il assiste avec Vladimir Poutine, qui nage dans son meilleur élément, l'histoire et la « Grande guerre patriotique », à une cérémonie en hommage aux victimes de la Seconde Guerre mondiale, quand Saint-Pétersbourg s'appelait Leningrad et connut l'un des sièges les plus meurtriers – 3 millions de morts – et les plus longs de l'histoire, Emmanuel Macron a presque les larmes aux yeux, tant il est envahi par l'émotion. « Après Versailles, ce second épisode de la relation avec la Russie est un électrochoc pour le président. Aux côtés du maître du Kremlin, devant toutes ces victimes, se plongeant brusquement dans cette histoire si douloureuse, on a l'impression qu'il pense, comme George Bush, pouvoir "lire dans l'âme de Poutine" », poursuit Michel Duclos.

Il y a dans la vision russe d'Emmanuel Macron un élan romantique, une attirance pour cette « âme russe » mythique, unique et débordante, généreuse et désespérante, qu'il croit voir s'envoler des pages des grands livres de littérature ou des tableaux de maître. Le discours qu'il a prononcé en septembre 2021 à l'inauguration de l'extraordinaire exposition Morozov à la Fondation Vuitton en compagnie du ministre de la Culture russe est un exemple de cette vision de la Russie à la fois poétique et mélancolique du président français. « Il y a ici la trace évidente que la Russie est une grande puissance européenne. On a des projets communs par-delà ce qui nous sépare. » Dans le regard des frères Morozov, le président français décèle « la trace évidente qu'en Russie souffle l'esprit européen ». Pour Vladimir Poutine, la culture est un front de combat, une manière de diffuser le soft power du Kremlin. Mais les élites françaises ne le voient pas. Emmanuel Macron n'hésite pas à établir un parallèle entre « l'âme française » et « l'âme russe » et réaffirme la détermination de la France à resserrer les liens et les relations avec la Russie en dépit « des turpitudes du temps présent ». L'exposition, espère-t-il, « va nous permettre de convaincre des millions de nos concitoyens de ce qu'il y a de commun et d'inséparable » entre les Français et les Russes et qui « nous oblige à continuer à rapprocher les deux pays ».

Le président français avait tenté, avant le G7 de Biarritz en 2018, de réintégrer la Russie, exclue du groupe après l'annexion de la Crimée en 2014, dans la communauté internationale. Il considérait que cette réhabilitation était « pertinente ». Il a célébré la victoire de la France à la Coupe du monde de football de 2018, dans une loge VIP à Moscou à l'invitation de Vladimir Poutine, quand d'autres avaient boycotté la manifestation, qui avait lieu quelque temps après l'empoisonnement de l'ancien agent russe Sergueï Skripal au Royaume-Uni. Paris avait également orchestré, sous la baguette pro-russe de Jean-Pierre Chevènement, le retour de Moscou dans l'Assemblée parlementaire du Conseil de l'Europe en juin 2019. « Il y a pour Emmanuel Macron comme une sorte de fatalité à travailler avec Vladimir Poutine. Il en ressent presque l'obligation. D'abord parce que le président russe est là depuis longtemps. Ensuite parce que la Russie et la France ont des intérêts communs. Enfin parce qu'on ne peut pas exclure qu'il en sorte un jour quelque chose », résumait un des collaborateurs d'Emmanuel Macron en 2021.

Mais c'est le fort de Brégançon, la résidence d'été du président de la République, dans le Var, qui sera sans doute, en août 2019, le moment culminant de la relation. « Un moment cristallisateur », même, si l'on en croit l'ancien diplomate Michel Duclos. Emmanuel Macron aime relever les défis et il sait manier les symboles à la perfection. Pour accueillir le maître du Kremlin, il avait fait mouiller dans la baie la frégate *Languedoc*, celle qui avait poursuivi des sous-marins russes venus patrouiller en Méditerranée quelques mois plus tôt. Celle, aussi, qui avait tiré trois missiles de croisière navals pendant l'opération Hamilton lancée avec les forces américaines et britanniques en avril 2018 contre des installations du régime syrien après une attaque chimique. Prévenu par les Français de l'opération, le président russe avait fermé les yeux au passage des missiles. Ou plus exactement, comme le raconte une source qui fut engagée dans l'opération : « Il nous avait laissé taper des pieds par terre en Syrie, car on lui avait assuré qu'on ne frapperait que le sable. En plus, il n'était pas mécontent de donner une leçon à Bachar el-Assad. » Mais il avait quand même « boudé » pendant trois mois.

Au fort de Brégançon, donc, Emmanuel Macron accueille le président russe en regardant la mer. « Vladimir, c'est la frégate qui a tiré les missiles que tu n'as pas vu passer ! » dit-il. Le clin d'œil a-t-il fait sourire Vladimir Poutine ? « Non », répond Emmanuel Macron. Le président russe est resté impassible. Ce n'est pas son genre d'humour. Mais il en aurait fallu beaucoup plus pour gâcher l'ambiance, ce jour de grande chaleur, de franc soleil, avec le bleu de la mer qui brille à l'infini et le chant des cigales. « Avec Vladimir Poutine, le temps se suspend », confie le président (interview avec l'auteur). Les deux dirigeants dîneront en tête-à-tête, d'un repas étoilé, sur un balcon, avec, aux pieds du fort, deux hélicoptères russes venus de Toulon, sagement posés. Vladimir Poutine a offert un gros bouquet de fleurs à Brigitte. « L'ambiance et la chorégraphie étaient parfaites », commente Emmanuel Bonne, le conseiller diplomatique du président. La conversation s'éternisera jusqu'à minuit, abordant, dans une « ambiance bon enfant », selon l'un des protagonistes, tous les sujets « sans tabou ». Emmanuel Macron la cite comme un des moments, avec l'échange de Saint-Pétersbourg, qui lui ont permis « de mieux comprendre » son homologue russe. À Brégançon, Emmanuel Macron a découvert un Vladimir Poutine ouvert et « sympathique ». Encore plus ouvert et sympathique qu'à Versailles. Presque un président « normal ». « Il a cru que Vladimir Poutine était toujours comme ça. C'est pour ça qu'il sera si choqué par son voyage à Moscou avant la guerre, le 7 février, quand il affronte un président russe changé, retranché, qui n'accepte plus le dialogue », commente un diplomate français. Un président devenu inaccessible et si lointain. Il y a souvent en chaque dictateur un « docteur Jekyll » et un « mister Hyde ». Mais seule l'expérience permet parfois de discerner ses faces. À l'époque, Emmanuel Macron ne voit que l'habit de communication de Vladimir Poutine et la « bonne ambiance » qu'il sait parfois créer pour servir ses intérêts. Les roses pour Brigitte, les sourires pour Emmanuel. Le vernis est depuis longtemps craquelé, mais Emmanuel Macron ne veut voir de la Russie que cette « grande puissance des Lumières », qui « a sa place dans l'Europe des valeurs auxquelles nous croyons ». Sans doute imagine-t-il à ce moment-là une lune de miel avec la Russie, et grâce à elle un avenir différent pour l'Europe.

C'est à Brégançon qu'Emmanuel Macron lance son initiative solitaire de « dialogue stratégique » avec la Russie, qui sera vivement critiquée par ses partenaires. Et pour cause : la visite a lieu un an après l'empoisonnement de Sergueï Skripal au Royaume-Uni, alors que la Russie est toujours sous sanctions et que les partenaires de la France n'ont pas vraiment été consultés. Pour le président français, la rencontre est considérée comme un prélude à la réintégration de la Russie dans l'ordre mondial occidental. Ce dialogue doit permettre d'avancer sur les grands sujets d'actualité, comme la Syrie, l'Ukraine, le désarmement. Contrairement à nombre de ses alliés européens, Emmanuel Macron « respecte le rôle renforcé que la Russie se donne dans son environnement régional ». Il pense qu'il faut lui reconnaître une sphère d'influence dans l'espace soviétique. « Quand je dis qu'il faut repenser notre relation avec la Russie, je n'ai aucune naïveté et je ne pense pas que cela va se faire du jour au lendemain. Je pense juste que nous sommes enfermés dans une relation qui, compte tenu des réalités géographiques et historiques, n'est pas durable », explique-t-il en 2021. À Brégançon, il avait même discuté avec Vladimir Poutine de l'idée d'une neutralité de l'Ukraine, déjà avancée par Nicolas Sarkozy et défendue, aux États-Unis, par l'ancien chef de la diplomatie Henry Kissinger et l'ex-conseiller à la sécurité nationale Zbigniew Brzeziński. Cette « finlandisation » consisterait à faire de l'Ukraine une zone tampon entre la Russie et l'Europe, qui n'appartiendrait ni à l'OTAN ni à l'Union européenne. « L'idée a traversé le quinquennat d'Emmanuel Macron », confirme un haut diplomate. Les diplomates du Quai d'Orsay étaient contre, comme tous les pays de l'est et du nord du continent. Elle a capoté. Elle n'était pas dans le sens de l'histoire.

Comme George W. Bush, Emmanuel Macron a cru qu'il pouvait plonger dans l'« être » du président russe, dont il pense saisir l'essence. Il conçoit fort bien, par exemple, le sentiment d'« humiliation » ressenti par la Russie après la chute du mur de Berlin, dans les années 1990, quand le Kremlin s'est mis à voir l'Europe comme une porte d'entrée dans l'OTAN pour les anciens pays du glacis soviétique. Il considère que les Européens, après la chute de l'URSS, ont cru à tort à la fin de l'histoire et à la vertueuse propagation de la démocratie. Sur ce point précis, nul n'oserait aujourd'hui lui opposer la contradiction. Mais Emmanuel Macron pense qu'ils ont, dans leur élan, été trop atlantistes et qu'ils ont laissé l'Alliance s'étendre à l'est plus que de raison. Il sous-entend aussi que l'OTAN n'a pas tenu ses promesses faites à la Russie et que les États-Unis sont en partie responsables de la dégradation des relations avec le Kremlin, nous y reviendrons plus loin. Il estime enfin que l'Occident a en partie jeté la Russie dans les bras de la Chine et que ce rapprochement entre les deux puissances ne sert pas les intérêts de l'Europe.

Convaincu qu'il ne faut pas insulter l'avenir, Emmanuel Macron a tenté jusqu'au bout de ramener la Russie en Europe, de faire tout ce qu'il était possible de faire « pour éviter le pire ». Mais ses efforts, comme toujours, se sont heurtés aux voies impénétrables du Kremlin. L'empoisonnement de l'opposant Alexeï Navalny, le 20 août 2020, les mensonges et le cynisme du pouvoir russe sur cette affaire sont vécus comme une douche froide à l'Élysée. « Je crois que c'est quand Vladimir Poutine lui a suggéré que Navalny avait pu s'autoadministrer le poison que le président a réalisé que ça allait être très difficile », commente un proche de l'Élysée. On ne saurait mieux dire... Cette suggestion grotesque a été faite au téléphone par le maître du Kremlin le 14 septembre 2020. Dans la foulée de l'empoisonnement de Navalny, la rencontre « 2 + 2 » entre les ministres des Affaires étrangères et de la Défense des deux pays avait été reportée, de même que la visite d'Emmanuel Macron à Moscou. À partir de ce moment-là, l'équilibre entre le dialogue et la fermeté devient de plus en plus difficile à trouver entre l'Élysée et le Kremlin. Le processus de Normandie sur l'Ukraine est au point mort, Poutine n'a fait aucune concession sur la Syrie et la Libye. En l'invitant parmi les premiers, Emmanuel Macron pensait pouvoir établir avec lui un dialogue de confiance, mais ce ne fut qu'une illusion. Après la rencontre de Brégançon, un haut responsable d'un pays de l'Est en visite à Moscou a demandé à Sergueï Lavrov, le chef de la diplomatie russe : « Comment c'était à Brégançon avec les Français ? » Réponse de Lavrov : « On ne sait pas si la proposition de dialogue stratégique de Macron est sérieuse. »

Depuis le début de la guerre, toutes les tentatives d'influencer Vladimir Poutine, de ne pas « le laisser dans le vide », de le « ramener à la raison » et de lui offrir « une porte de sortie », car de toute façon, pense-t-on à l'Élysée, « il faudra bien traiter avec le pouvoir en place », ont échoué. Sauf, peut-être, l'initiative qui visait à assurer la sécurité de l'usine de Zaporijjia et qui s'est en partie dénouée par l'envoi d'inspecteurs de l'AIEA, l'Agence internationale de l'énergie atomique, et le retrait d'une partie des armes lourdes russes. Après l'invasion, Emmanuel Macron n'a cessé de croire que sa voix et celle de la France étaient assez puissantes pour pouvoir l'arrêter. D'autant qu'il présidait à ce moment-là l'Union européenne. Nicolas Sarkozy avait joué un rôle de médiateur pour geler le conflit en Géorgie en 2008. François Hollande avait imaginé, avec Angela Merkel, les accords de Minsk pour geler celui de 2014 en Ukraine. Emmanuel Macron a voulu « prendre son risque », comme il dit, et essayer lui aussi d'obtenir des concessions de la part de Vladimir Poutine.

Avant la guerre, il le reconnaissait déjà. « Ma conviction, c'est qu'il était de mon devoir de réengager la Russie. Mais nous avons obtenu très peu de résultats. Je ne sais pas si nous réussirons à faire évoluer Vladimir Poutine, car il a sa vision de l'histoire, une sorte de révisionnisme. » Dialogue et fermeté, plus exigence : la méthode a montré ses limites. « Cette approche est devenue trop simpliste avec la Russie. Il faut la revoir. Les Russes n'ont pas le même logiciel stratégique que nous », concède un haut diplomate.

« L'Europe de Lisbonne à Vladivostok »

Emmanuel Macron n'en doute pas une seconde : « La Russie est une partie inaliénable de l'Europe. » Elle y retournera, car « elle n'a pas le choix ». C'est pour rappeler à Vladimir Poutine ce destin européen de la Russie, un destin qu'il a senti dans ses chairs et dans son âme à Saint-Pétersbourg, qu'il évoque, à chacune de ses rencontres avec lui, les grands hommes russes qui avaient lié le leur au Vieux Continent : Dostoïevski, Pouchkine ou Pierre le Grand. Pour le président français, offrir une

« porte de sortie », favoriser l'ouverture de négociations, éviter de « l'humilier » aidera la Russie à rejoindre la partie du monde à laquelle elle appartient « naturellement », par sa géographie, son histoire et sa culture. Il a repris à son compte la formule très contestée « l'Europe de Lisbonne à Vladivostok » avancée par les responsables russes quand ils parlent de « l'Eurasie ». À la conférence de presse de Brégançon, il avait aussi dit : « L'Europe n'est pas tout entière absorbable dans l'Occident. » Peu importe que la Russie elle-même rejette les valeurs européennes et celles de l'Occident, et de plus en plus ouvertement. Peu importe que ses prédécesseurs aient déjà échoué dans ce projet. Pour ce président impatient et solitaire, propulsé du jour au lendemain sur le trône français, presque par effraction, alors que personne ne l'attendait, l'impossible n'existe pas.

Géographiquement, il est certain qu'une grande partie de la Russie est européenne. Historiquement, elle a aussi regardé vers l'Europe à l'époque tsariste, quand Saint-Pétersbourg était sa capitale, avec ses palais et ses cathédrales tournés vers la mer Baltique. Mais la Russie de Vladimir Poutine a toujours manifesté une grande défiance vis-à-vis de l'Occident, dont elle méprise les valeurs. Pas seulement envers les États-Unis, le grand ennemi héréditaire, mais aussi envers l'Union européenne. Bien avant la guerre, la télévision russe manifestait son dédain et sa haine à l'égard des Européens. En 2019, 37 % des Russes seulement déclaraient se sentir européens, alors que 55 % considéraient que la Russie n'était pas un pays européen. Les élites russes européanisées se sont exilées après 2014.

Après tout, c'est sur le sujet européen qu'a commencé l'affaire ukrainienne, quand le président pro-russe d'alors, Viktor Ianoukovitch, a mis fin au partenariat avec l'Europe, déclenchant ainsi la révolte de Maïdan en décembre 2013, qui s'est faite sous les étoiles européennes et a entraîné l'agression russe en mars 2014. C'est le choix européen de l'Ukraine qui a provoqué l'annexion de la Crimée et l'attaque de l'est du pays. Comme ce fut le choix européen et pro-occidental de la Géorgie de Mikhail Saakachvili qui avait motivé l'attaque russe contre la petite République caucasienne en août 2008. Avant Maïdan, la révolution orange en Ukraine, qui, après celle des Roses en Géorgie, avait révélé au grand jour l'attirance des peuples de ces anciennes Républiques soviétiques pour les valeurs européennes, avait été considérée par Vladimir Poutine comme une manifestation organisée par l'étranger. L'entrée des pays baltes dans l'Union européenne et dans l'OTAN l'avait ensuite convaincu de la volonté de l'Occident de fomenter des révolutions dans son étranger proche et de détacher de la zone d'influence russe les anciennes Républiques soviétiques dont Moscou avait pourtant reconnu l'indépendance. C'est à partir de ce moment-là qu'il a tenté d'entraîner son pays dans une revanche, affirmant la nécessité d'une voie propre pour la Russie et son hostilité à l'Occident. La théorie de l'eurasisme, poussée par l'intellectuel proche du régime de Poutine Alexandre Douguine, n'a fait que le confirmer ces dernières années. Selon cette vision de la région, la Russie n'appartient pas au même monde que l'Europe occidentale, mais elle est un espace à part composé de peuples slaves, turciques, orthodoxes, musulmans... Dans l'optique des idéologues du régime, il s'agit de rendre à la Russie la place que lui dénie l'Occident depuis le XVIIIe siècle. Et ce combat, qui éloigne Moscou de l'Europe, s'incarne dans le rêve sublimé d'un conflit de civilisation. La Russie voit l'Europe comme un « autre » qu'elle doit avant tout combattre. Cet « autre » auquel elle ne veut surtout pas ressembler est décrit comme « décadent » et « dégénéré ». Véritable repoussoir qui annonce la fin de la civilisation occidentale, il n'est peuplé selon le Kremlin que d'homosexuels et de transgenres, envahi par une immigration qu'il ne contrôle pas et s'est dangereusement éloigné des valeurs de la chrétienté.

À la fin des années 1990, l'Europe trouvait encore un écho au Kremlin. « Mais aujourd'hui elle n'est plus considérée comme un acteur stable et sérieux, comme un partenaire fiable sur les dossiers qui sont importants pour Moscou, surtout le *hard power*. Aux yeux des Russes, l'Europe a perdu son esprit stratégique autonome. La Russie considère que pour contrôler le chaos, il faut des arrangements ponctuels avec les grandes puissances », décrypte Kadri Liik, spécialiste de l'European Council on Foreign Relations (ECFR). Et pour Vladimir Poutine, l'Union européenne n'appartient pas à ce club. Pire : le président russe considère qu'elle est vouée à disparaître. Elle est trop divisée pour être un acteur crédible, trop rétive à la puissance, affaiblie par le Brexit. « La Russie pense que l'Union européenne n'est plus un partenaire qui lui convient depuis qu'elle s'est élargie, en Europe centrale et orientale, à des pays qui sont opposés à Moscou ou qui la considèrent comme un ennemi », ajoute Pierre Vimont, l'envoyé spécial du président pour l'architecture de sécurité et de confiance avec la Russie. Sans compter que l'image d'un Occident ennemi permet à Vladimir Poutine de conforter son pouvoir à l'intérieur du pays.

Emmanuel Macron se défend de toute candeur. Sa démarche, expliquée par ceux qui ont participé à son élaboration, se rapprocherait plutôt de celle de l'ancien chancelier allemand Willy Brandt, quand il a lancé sa politique de détente avec la Russie, un an après l'invasion de la Tchécoslovaquie en 1968. « Le président savait que ce serait difficile, car le monde de Vladimir Poutine est un monde de brutes qui ne travaillent qu'au rapport de force et cassent le système international. Il a pris son risque, en connaissance de cause, avec franchise et pragmatisme et en assumant le rapport de force », argumente un haut diplomate proche du dossier. Mais certains lui reprochent de ne pas avoir saisi assez vite la nature du régime et d'avoir ignoré les mises en garde du Quai d'Orsay. D'autres incriminent son « inculture stratégique » quand il est arrivé au pouvoir, qu'il tente de compenser par son intelligence intuitive, qui lui a si bien réussi en politique intérieure. Guy Mollet, de Gaulle, Pompidou avaient une bonne connaissance de l'histoire, en particulier de l'histoire européenne et russe. Ils avaient fait la guerre et comprenaient les rapports de force, même si de Gaulle parlait toujours des « Russes » pour désigner les Soviétiques. Ce n'est pas le cas d'Emmanuel Macron, qui, quand il arrive à l'Élysée, malgré son immense intelligence et les atouts d'une jeunesse fougueuse, est inexpérimenté. Il n'a pas fait son service militaire et pense les fins de conflit en termes de négociations. Même Jacques Chirac et François Hollande, qui ont fait leur service militaire, avaient appris la logique de confrontation, même s'ils ne l'avaient pas vécue personnellement.

Le président a aussi la conviction que les relations interpersonnelles peuvent supplanter les codes diplomatiques. À cet égard, les réunions de Versailles et de Brégançon sont un miroir de la visite d'État rendue par Donald Trump à Paris en juillet 2017, qui avait été organisée dans les lieux les plus symboliques de la capitale, la tour Eiffel et les Champs-Élysées pendant le défilé militaire. Le président français, « un mélange de complexe de supériorité absolue avec une conscience totalement assumée de ses manques », selon les mots d'un diplomate, a aussi essayé d'amadouer le numéro un chinois Xi Jinping comme il l'avait fait avec Trump et Poutine. Sans obtenir davantage de résultats. « Emmanuel Macron a surestimé son pouvoir de conviction », confirme un de ses proches conseillers. Il ajoute : « Ce n'est pas facile de contredire le président de la République. Il a tendance à tout décider tout seul. » Et à écouter, sur le dossier russe, même si, selon un haut diplomate, « il est toujours son propre conseiller », ceux qui présentent la Russie comme une victime de l'Occident, des États-Unis en particulier. Ceux qui pensent qu'il faut toujours excuser et comprendre la Russie, qui se sent encerclée par l'OTAN. Ils appartiennent à la droite ou à la gauche : Hélène Carrère d'Encausse, Jean-Pierre Chevènement, Hubert Védrine, Nicolas Sarkozy... C'est aussi l'avis de l'ancien président François Hollande. « Emmanuel Macron pense que les relations personnelles peuvent bousculer les rigidités, les résistances, les logiques qui peuvent exister entre les nations. Il croyait pouvoir convaincre Donald Trump de ne pas déchirer l'accord sur le nucléaire iranien, le JCPOA. Il a cru pouvoir ramener Poutine à la raison, alors qu'il ne comprend que le rapport de force. Mais sa politique a été à la fois chaotique et illusoire. Ses initiatives pourraient fonctionner avec des démocrates, mais pas avec des dictateurs. On ne séduit pas les dictateurs. Ce sont eux qui essaient de nous séduire. »

Depuis le début de la guerre, la main tendue d'Emmanuel Macron n'a jamais été saisie par le président russe. Les mots d'ouverture ont glissé sur les buts de guerre russe, qui sont restés les mêmes : mettre la main sur l'Ukraine, et à défaut, la détruire. Pour Moscou, la négociation porte sur les conditions de reddition de l'Ukraine, son démantèlement et son désarmement et la mise en place d'un régime fantoche à Kiev. Quant au cessez-le-feu, il n'est envisagé par le Kremlin que comme un moyen pour la Russie de recouvrer sa puissance militaire avant de repartir à l'assaut. « Certes, la diplomatie est un art de la persuasion, mais il se trouve que plus on est fort plus on est persuasif. La nécessaire prise en compte du point de vue adverse ne signifie pas renoncer à sa propre vision des choses, à ses valeurs et à ses objectifs diplomatiques et militaires. En dernière analyse, il s'agit de prévaloir et de ne pas laisser les puissances hostiles remodeler l'environnement international avant qu'elles n'imposent purement et simplement leur volonté », analyse le spécialiste Jean-Sylvestre Mongrenier pour Desk Russie, dans « L'Occident face à la Russie : sophismes, diplomatie et grande stratégie ».

Mais l'ambiguïté d'Emmanuel Macron vis-à-vis de Vladimir Poutine est aussi liée à la politique intérieure. Alors que la droite et l'extrême droite ont longtemps prétendu incarner avec leur complaisance pro-russe une politique « réaliste » s'opposant à la fois à la bien-pensance et à « l'alignement » sur les États-Unis, Emmanuel Macron, fidèle à son « en même temps », « a essayé de dévitaliser l'exclusivité de la droite et de l'extrême droite dans leur relation à la Russie », analyse un diplomate. « Il sait ainsi que ni Le Pen ni le futur candidat Les Républicains ne pourront lui opposer frontalement la négligence d'un dialogue avec Moscou. »

Sans doute, s'il n'avait pas tenté un rapprochement avec la Russie, Emmanuel Macron aurait-il été critiqué par une grande partie de la classe politique française. Le bilan est maigre, mais sur le fond, le président français n'a jamais cédé à Vladimir Poutine. La main qu'il lui a tendue a toujours été recouverte d'un gant de fer. Il n'a jamais remis en cause les sanctions liées à l'Ukraine. La France s'est impliquée dans les mesures de « réassurance » des États baltes. Finalement, en défendant bec et ongles le gazoduc Nord Stream 2 qui relie la Russie à l'Allemagne, malgré l'opposition de ses partenaires européens, Angela Merkel a fait davantage de concessions qu'Emmanuel Macron à Vladimir Poutine. Le président français a aussi toujours tenu un langage de vérité à Vladimir Poutine, y compris sur les droits de l'homme.

Autant que le fond – la volonté de parler à la Russie pour la rapprocher du camp occidental et pouvoir traiter efficacement avec elle les grandes crises internationales –, c'est la forme, encore, qui a été reprochée au chef d'État français. Les initiatives solitaires : c'est une habitude française, certains diraient un travers, qu'Emmanuel Macron a poussé à l'extrême et pas seulement sur le dossier russe. Deux jours après la rencontre de Brégançon, un ministre des Affaires étrangères d'un pays de l'Est, qui préfère rester anonyme, demande à son homologue allemand Heiko Maas ce qu'il en a pensé. « Eh bien, il ne savait rien ! Moi, le petit ministre de l'est, j'avais plus d'informations que le chef de la diplomatie allemande ! La France ne parle pas pour l'Europe et c'est pour cela que les Russes ne la respectent pas. Si elle avait su entraîner dans cette initiative ses partenaires européens, elle aurait une image différente. »

Chapitre III

Un président ne devrait pas dire ça…

Il y a des mots qui fâchent. Emmanuel Macron en a prononcé plusieurs, qui ont mis hors d'eux l'Ukraine et les partenaires d'Europe centrale et orientale. Des expressions malheureuses, qui traduisent le biais par lequel la France aborde depuis la fin de la guerre froide sa politique vis-à-vis de l'ancien bloc soviétique. La persistance, depuis le début de la guerre, à analyser les événements ukrainiens à travers le prisme de la politique russe explique ces déraillements.

« L'humiliation »

C'était le 3 juin 2022, dans une interview à *La Dépêche du Midi* : « Il ne faut pas humilier la Russie pour que le jour où les combats cesseront, nous puissions bâtir un chemin de sortie par les voies diplomatiques. » En octobre, Emmanuel Macron le réaffirme en Italie : « Le pouvoir russe s'est nourri du ressentiment et de l'humiliation nés lors de la dislocation de l'Empire soviétique… À la fin de la guerre d'Ukraine, il ne faudra pas faire les fautes que nous avons faites par le passé. » Pour justifier une nécessaire « modération » vis-à-vis de Moscou, le président fait référence aux erreurs qui auraient été commises par l'Occident au moment de la dissolution de l'URSS ainsi qu'à la « faute historique » accomplie selon lui par la France à la fin de la Première Guerre mondiale en voulant « l'humiliation » de l'Allemagne. Selon cette thèse, partagée par de nombreux historiens, le traité de Versailles aurait été une paix humiliante pour les Allemands, notamment en raison de la « clause de culpabilité » de guerre, l'article 231 du document, qui leur attribue l'entière responsabilité du conflit pour justifier les réparations massives qui lui ont été imposées. Le ressentiment de la société allemande aurait préparé le terrain à l'avènement d'Hitler au pouvoir et à la Seconde Guerre mondiale. Emmanuel Macron sous-entend ainsi que si l'Allemagne avait mieux été traitée au moment de la signature du traité de Versailles en 1919, elle se serait mieux comportée par la suite. Pourtant, d'autres spécialistes considèrent que le sentiment d'humiliation n'est pas lié aux conditions de la paix imposées par les vainqueurs, mais seulement à la défaite de l'Allemagne. « Dans une guerre, il y a un vainqueur et un vaincu. Le premier essaie d'obtenir le plus et le second de concéder le moins. Ce qui "humilie" le vaincu, c'est la défaite elle-même, pas le traité », affirme l'ancien diplomate Gérard Araud dans un tweet.

La phrase d'Emmanuel Macron sur « l'humiliation » a eu l'effet d'une grenade dégoupillée à l'est de l'Europe. « Elle est aussi déroutante qu'exaspérante pour beaucoup de personnes en Ukraine et dans les pays de l'OTAN qui ont une frontière directe avec la Russie. D'une part, elle repose sur une compréhension très problématique des causes du nazisme et de la Seconde

Guerre mondiale », commente Alexander Lanoszka, chercheur de l'université de Waterloo, au Canada, qui rappelle que de nombreux facteurs ont contribué à l'ascension d'Hitler, notamment la Grande Dépression. « D'autre part, poursuit-il, elle contribue à aliéner la France de ses propres alliés le long du "flanc oriental" de l'OTAN. Car elle va à l'encontre des objectifs de politique étrangère, de l'autonomie stratégique européenne et du rôle de médiateur qu'elle veut jouer entre l'Ukraine et la Russie. » D'autres préfèrent d'ailleurs utiliser pour le conflit russo-ukrainien une autre analogie historique en comparant l'annexion de la Crimée en 2014 non pas avec 1918, mais avec 1938, quand la Tchécoslovaquie a été sacrifiée au profit d'une paix illusoire par la France et la Grande-Bretagne. Le renoncement franco-britannique de Chamberlain et Daladier, qui ont acté à Munich le rattachement de la région des Sudètes au Troisième Reich, ne fit que retarder la guerre d'une année. La vérité emprunte sans doute aux deux théories. Elle lie aussi l'Allemagne et la Russie d'une autre manière. Les deux pays ont vécu une expérience identique d'humiliation dans l'histoire. Ils ont été traités comme des vaincus alors qu'ils ne l'acceptaient pas. L'Allemagne en 1918 car elle considérait ne pas avoir perdu la guerre. La Russie en 1991 car elle était persuadée de ne pas avoir perdu la guerre froide. D'où l'énorme amertume. Celle des Allemands après la Première Guerre mondiale. Celle des Russes après la dislocation de l'URSS. En cela, Emmanuel Macron a raison.

Mais contrairement à ce qu'il suggère, la chute de l'URSS n'a pas été décidée par l'Occident, mais par les Ukrainiens, les Géorgiens, les Biélorusses. Et par les Russes eux-mêmes, notamment par Boris Eltsine, le président qui a succédé, à la tête de la Russie, à Mikhaïl Gorbatchev, le dernier dirigeant soviétique. À l'époque, l'effondrement du communisme et de l'URSS n'était pas vu comme une « humiliation » par les républiques soviétiques et leurs peuples, mais plutôt comme une « libération » après soixante-dix ans de dictature communiste, marquée par les purges de Staline, la répression érigée en modèle de gouvernance, le goulag, les pénuries, les famines… « L'impression d'avoir été amputé de parties de son territoire est venue après pour une majorité de Russes, avec l'essor du nationalisme le plus virulent. C'est le retour de l'impérialisme russe qui fabrique le mythe de l'humiliation de 1991, plus que l'inverse. Il n'y a pas eu de politique d'humiliation de la Russie. Au contraire », commente le député européen Raphaël Gluscksman.

Avant d'être régulièrement utilisée par Emmanuel Macron, l'humiliation est un thème russe brandi de manière constante par Vladimir Poutine. L'OTAN est au cœur de la théorie de « l'humiliation » qu'aurait fait subir l'Occident à la Russie. Ce discours est relayé avec force depuis la conférence de Munich en 2007 où le président russe avait pour la première fois agressé ses partenaires occidentaux stupéfaits, qui n'avaient pas vu venir sa radicalisation : « La Russie en a plus qu'assez des humiliations, des atteintes constantes à ses intérêts et à partir de maintenant, ses intérêts prévaudront. »

La théorie de l'humiliation, qui justifie *a posteriori* les agressions de la Russie contre ses voisins, est battue en brèche par les spécialistes du monde post-soviétique comme par les démocrates russes, même s'ils sont minoritaires. Contrairement à la croyance répandue dans les milieux favorables au Kremlin, les Occidentaux ont au contraire largement aidé économiquement la Russie, qu'ils espéraient ancrer dans le camp occidental après l'effondrement de l'Union soviétique. Ils lui ont ouvert les portes du FMI en 1992 et celles de la Banque mondiale, lui permettant ainsi de souscrire des prêts de plusieurs milliards de dollars. Moscou est aussi entrée dans le Conseil de l'Europe en 1996 et dans le G7 l'année suivante, qui s'est transformé en G8 pour elle. Elle a été intégrée dans l'Organisation mondiale du commerce (OMC). En 1998, Washington a apporté son soutien aux autorités russes lors de la crise du rouble. Et bien après les coups de force en Géorgie (2008) et en Crimée (2014), l'Occident a continué à offrir au Kremlin des partenariats et des dialogues, dans l'espoir d'amadouer Vladimir Poutine. *A contrario*, lorsque l'Ukraine a voulu se rapprocher de l'Union européenne en 2005, ce sont les Européens, dont les Français, qui lui ont dit non.

Si la Russie s'est sentie humiliée, c'est d'abord parce qu'elle a perdu la guerre froide, étouffée par le communisme et ses aberrations économiques. Puis à cause du chaos qui a suivi l'effondrement de l'ordre soviétique, pendant les années Eltsine qui ont vu la captation des richesses du pays par quelques-uns et transformer les grandes villes russes en jungle. À cette époque, les pénuries frappaient tous les domaines, y compris l'aviation : les avions décollaient en surpoids de passagers, qui s'entassaient debout dans les allées, avec leurs poules et leurs moutons, après avoir acheté leur place au noir sur le tarmac, glissant un billet de 100 dollars au pilote qui ne recevait plus de salaire. Parfois, les avions n'avaient pas assez de kérosène pour atteindre leur destination.

Il arrivait que les pilotes en perdent le contrôle parce qu'ils avaient trop bu, qu'un passager ivre de vodka fracture une fenêtre à l'aide d'un marteau ou qu'il déclare un incendie à bord en écrasant sa cigarette par terre. À cette époque, les Russes, ruinés par la transition sauvage entre le communisme et le capitalisme, vendaient leurs effets personnels dans la rue, tandis que les nouveaux riches dépensaient des dizaines de milliers de dollars par soirée en champagne français et hôtesses aux jambes immenses venues de la province, attirées par les mirages de l'eldorado moscovite. À cette époque, le libéralisme venu du monde libre occidental se présentait sous ses pires habits. Il est vite devenu l'objet de la haine et du rejet des Russes ordinaires. « La vraie humiliation, c'est celle que les leaders russes corrompus ont fait subir au peuple dans les années 1990, les fortunes délirantes de quelques-uns et la misère du plus grand nombre. La faute des Occidentaux est d'avoir favorisé cette oligarchie. Pas d'avoir "humilié" », poursuit l'eurodéputé Raphaël Glucksman. Là encore, la vision française semble en décalage avec la réalité. « Il y a beaucoup de naïveté à croire que les Occidentaux pouvaient éviter la dérive poutinienne, voire qu'ils en sont responsables. Ni Bush ni François Mitterrand n'ont pu éviter la chute de l'URSS. La question n'est pas "qui a perdu la Russie ?", mais "Comment la Russie a perdu l'Occident ?". C'est une légende qui veut que l'Ouest n'ait pas tendu la main à la Russie post-soviétique. Entre 2012 et 2014, c'est Vladimir Poutine qui choisit la confrontation systématique, estimant qu'une "revalorisation" est-ouest favorise son régime à l'intérieur et le standing de son pays à l'extérieur », explique l'ancien diplomate Michel Duclos dans un article pour la revue *Commentaires.*

L'OTAN, encore et toujours. L'Alliance attire les rumeurs comme un attrape-mouche. Elle est le bouc émissaire de tous ceux qui veulent faire reculer l'influence américaine sur le continent. Pourtant, là encore, tout n'avait pas si mal commencé à la chute de l'URSS, en tout cas pas sous le signe de « l'humiliation », entre l'OTAN et la Russie. Les deux signent un Partenariat pour la paix en 1994, un Acte fondateur en 1997 et fondent un Conseil en 2002. À l'époque, certains envisagent même une intégration de la Russie dans l'Alliance atlantique, même si personne, ni à Washington ni à Moscou, ne prenait vraiment cette proposition au sérieux. À l'occasion d'une rencontre du groupe d'amitié France-Russie à l'Assemblée, qu'il présidait, l'ancien député Hervé Mariton raconte : « Voilà ce que le président de la commission des affaires étrangères de la Douma me disait à l'époque : "Vous prenez l'OTAN, vous changez le nom et on entre !" » En 2007, les chœurs de l'Armée rouge chantaient encore à l'OTAN ! Quant à la théorie d'une promesse de non-extension de l'OTAN qui aurait été faite par le président George Bush et son secrétaire d'État James Baker à Mikhaïl Gorbatchev avant d'être trahie par la partie américaine, elle a été construite *a posteriori* par le régime Poutine. Lorsque le responsable américain jure que les forces de l'OTAN « n'avanceront pas d'un pouce vers l'est » en février 1990, il s'agit d'une assurance des États-Unis et de l'Allemagne selon laquelle les forces de l'OTAN ne seront pas stationnées dans les Länder orientaux après la réunification. Cette promesse qui concerne le non-déploiement de soldats et d'équipement de l'OTAN dans l'Allemagne de l'Est a été tenue. Les archives et Mikhaïl Gorbatchev ont confirmé plus tard que la question d'une extension de l'OTAN à l'est n'avait pas été abordée. Interviewé par l'auteur de ces lignes à Genève, plusieurs années avant sa mort, l'ancien dirigeant soviétique a répété que le sujet n'avait pas été évoqué entre lui et le secrétaire d'État américain James Baker, puisque, tout simplement, le pacte de Varsovie existait encore et que nul pays à l'est n'avait ni l'intention ni les moyens de s'en échapper pour rejoindre l'Alliance atlantique ! L'entrée de pays d'Europe centrale et occidentale dans l'OTAN n'aura lieu que beaucoup plus tard, en 1999, dix ans après la chute du mur de Berlin.

L'OTAN est présentée par la propagande du Kremlin et ses relais comme étant à l'origine du conflit entre la Russie et l'Ukraine. Pourtant, lors du sommet de Bucarest en 2008, les membres de l'Alliance, après un veto de l'Allemagne et de la France, ont renoncé à lancer un processus d'adhésion pour l'Ukraine et la Géorgie, tout en leur gardant la porte ouverte pour l'avenir. Quant au coup de force de la Russie en Ukraine en 2014, il répond, nous l'avons déjà évoqué, à l'accord d'association que voulait nouer Kiev avec l'Union européenne. Davantage que l'OTAN, qui depuis la chute du communisme peinait à se réinventer, Vladimir Poutine redoute les révolutions de couleur qui secouent les anciennes Républiques soviétiques et la contagion des valeurs de liberté et de démocratie dans sa zone d'influence. « Négocier au nom du réalisme ? C'est un discours qui entérine la légende moscovite selon laquelle la Russie se sentait menacée par l'entrée de l'Ukraine dans l'OTAN, alors que sa candidature est repoussée aux calendes grecques depuis 2008. Au moment de l'agression en 2014, l'Ukraine était un État non aligné, et non candidat à l'OTAN. Le Kremlin voulait punir Kiev d'avoir voulu un accord d'association et de libre-échange avec l'Union européenne », analyse le spécialiste Jean-Sylvestre Mongrenier dans le papier pour Desk Russie précédemment évoqué. Depuis, le vent a tourné en Ukraine, où l'immense majorité de la population appelle de ses vœux une entrée rapide dans l'Alliance atlantique. C'est l'un des principaux effets collatéraux, contraire à l'objectif de Vladimir Poutine, de l'invasion russe.

L'erreur de l'Occident fut d'avoir sous-estimé la colère et la rancœur du Kremlin après les interventions militaires occidentales en Irak, au Kosovo et en Libye. « Elle fut aussi de croire, après 1991, qu'en leur vendant des produits occidentaux ils allaient devenir comme nous et intégrer le monde occidental », affirme un ancien très haut responsable français. Et de s'obstiner dans sa politique d'apaisement en ignorant le retour en force des hommes de l'ancien KGB à la fin du règne de Boris Eltsine, l'homme de la première guerre de Tchétchénie et celui qui fit tirer sur le Parlement russe en 1993. Mais elle est surtout d'être resté aveugle aux ambitions impériales de Vladimir Poutine. De la Géorgie à l'Ukraine en passant par la Biélorussie et le Kazakhstan, c'est la restauration de la Grande Russie qui motive le président russe, bien davantage que l'opposition à l'OTAN, même s'il rêve de son implosion et aimerait voir l'Alliance reculer des terres de l'est. « La guerre relève d'une permanence de l'histoire russe », d'une « insatiable volonté d'expansion », écrit le spécialiste de l'histoire russe Stephen Kotkin dans le *New*

Yorker, en mars 2022. De la Russie tsariste à la Russie poutinienne en passant par l'URSS soviétique, les autocrates russes sont toujours partis à la conquête de leur voisinage, rappelle-t-il. Dans un article d'avril 2022 pour le site Desk Russie, l'experte Françoise Thom cite Dmitri Rogozine, président de la commission des affaires étrangères de la Douma en 2001 : « Ce n'est pas à l'OTAN de s'étendre vers l'est ; c'est à la Russie de s'étendre vers l'ouest. » Le 31 décembre 2022, le soir de la Saint-Sylvestre, la télévision d'État russe avait organisé, en direct, une soirée de gala à la fois kitsch et luxueuse, avec, en invités d'honneur, des militaires en uniforme, installés entre des claudettes en tenue de couleur et au sourire béat. Moitié cabaret version soviétique moitié *Hunger Games*, la série de science-fiction américaine, le show paraissait hors du temps, décalé, venu d'une autre planète. Mais le clou du spectacle fut le toast porté par le présentateur, qui accusait l'Ouest d'avoir essayé de « détruire la Russie ». « Que ça vous plaise ou non, la Russie s'agrandit », a-t-il dit, hilare, à destination des Occidentaux.

La faute de ces derniers fut aussi de ne pas avoir fait pression pour que s'ouvre un procès des crimes du communisme. La volonté de ne « pas humilier » la Russie n'est pas typiquement macronienne, elle vient de loin et n'est pas limitée à l'Hexagone. Elle était déjà à l'origine du quasi-blanc-seing donné à la guerre russe en Tchétchénie depuis 1995. « Les dirigeants occidentaux ont tout passé à Boris Eltsine, puis à Vladimir Poutine. La corruption et la Tchétchénie d'abord. Puis, après 1999, l'assassinat des opposants. La Tchétchénie, à nouveau. Puis la Géorgie, la Syrie, l'Ukraine. Avec, en tête, cette rengaine : ne pas humilier la Russie. Ce mythe de l'humiliation a, sous les atours d'un pseudo-réalisme de pacotille, totalement obscurci la vision des chancelleries occidentales. Et continue à le faire au regard des discours d'Emmanuel Macron. C'est une erreur et une faute stratégique. Accepter les éléments de langage de l'agresseur ne l'aide pas à comprendre l'agression. Au contraire, cela nous éloigne des faits. Reprendre à son compte la théorie du "coup de poignard dans le dos" ne permet pas de comprendre le nazisme. C'est pareil pour le poutinisme. Car qui est humilié depuis vingt ans ? Les Tchétchènes, les Géorgiens, les Syriens, les Ukrainiens qui voient leur nation détruite par ceux que nous avons peur d'"humilier". Ce sont les empires qui humilient, pas les peuples qui veulent vivre libres », affirme le député européen Raphaël Glucksman. Et il poursuit : « Emmanuel Macron reprend une légende déjà servie par Chirac et Sarkozy pour justifier leur complaisance avec le régime de Vladimir Poutine. En le faisant, il brouille le message de la France qui, par ailleurs, aide l'Ukraine à résister à l'envahisseur. Depuis vingt ans, c'est notre faiblesse et notre arrogance qui ont nourri l'impérialisme poutinien. »

Les néoréalistes avaient nié la puissance des aspirations à la souveraineté des anciens pays d'URSS qui, après s'être extirpés de la dictature communiste, voulaient que l'OTAN les sauve d'un retour à un totalitarisme empruntant à la fois à l'Union soviétique et à l'empire tsariste. Vladimir Poutine a lui aussi sous-estimé la détermination et donc la résistance de l'Ukraine, dont il niait l'existence en tant que nation et dont il affirmait que son peuple ne formait qu'un avec le peuple russe. En choisissant depuis l'effondrement de l'Union soviétique, au prix de deux soulèvements, en 2004 puis en 2014, la liberté et la démocratie, l'Ukraine s'est éloignée politiquement de la Russie, même sans l'aide de l'OTAN. Elle s'est arrachée des griffes du Kremlin et a emprunté un chemin qu'elle veut sans retour vers l'ouest. Finalement, c'est la Russie qui n'a pas trouvé sa place dans l'Europe de la post-guerre froide. En conservant un modèle politique de plus en plus autoritaire, basé sur la répression et en désignant le modèle démocratique comme un ennemi à abattre, c'est bien le Kremlin qui menace et humilie ses voisins. Quant à l'invasion du 24 février, elle a eu lieu justement parce que l'Occident, coupable d'un véritable aveuglement stratégique, n'avait pas réagi avec fermeté en 2008, puis en 2014.

Certes, les propos d'Emmanuel Macron concernent l'avenir et l'après-guerre et il est certain que l'Europe devra vivre pour toujours avec la Russie à ses frontières. Il faut donc dès à présent réfléchir à la meilleure façon d'organiser la sécurité du continent quand la guerre sera finie et aux moyens de ramener le peuple russe et ses futurs dirigeants à une gestion plus civilisée des conflits, notamment sans rajouter de « l'humiliation » à « l'humiliation » provoquée par le sabordage de cette grande nation par Vladimir Poutine. Mais au moment où ces mots ont été prononcés, trop tôt sans doute, beaucoup auraient aimé qu'ils soient inversés. Car au sortir de la guerre, n'est-ce pas plutôt d'abord à l'Ukraine qu'il faudrait éviter une « humiliation » et l'éventuel démembrement ? Un pays injustement agressé, traumatisé par les destructions et les crimes de guerre, qui lutte pour récupérer sa souveraineté et sa liberté, qui a choisi la démocratie et les valeurs européennes face à la tyrannie et à l'impérialisme sauvage de la Russie de Vladimir Poutine. Le dialogue et la diplomatie plutôt que la punition ? « Si après 1945 il n'y avait pas eu de contrôle de l'Allemagne occidentale par les forces alliées, pas eu de procès Nuremberg, de lustration, nous n'aurions pas, aujourd'hui, cette Allemagne réunifiée, démocratique et paisible. Parfois, la punition est nécessaire, comme elle est nécessaire aux criminels », estime l'historienne Galia Ackerman. Aujourd'hui, c'est surtout l'Ukraine dont il faut prévenir l'avenir à tout prix, car sa défaite serait un échec stratégique pour les Occidentaux, ainsi qu'un revers moral destructeur pour l'ambition d'autonomie stratégique européenne affichée par le président de la République. Or, l'Ukraine prouve chaque jour le courage de son peuple et la détermination de ses dirigeants ainsi que la qualité de son armée. À l'est de l'Europe, beaucoup estiment que l'humiliation de la Russie est non seulement souhaitable, mais nécessaire, car elle serait le seul moyen de dissuader le Kremlin de recommencer. Emmanuel Macron dénonce leurs « propos extrémistes qui ne servent pas la paix ». Mais de nombreux spécialistes du monde post-soviétique pensent la même chose à l'ouest, comme l'historienne Galia Ackerman : « Il faut humilier la Russie très sérieusement, car elle a apporté la destruction, la mort, le malheur et le traumatisme, à des millions de personnes. Il ne peut pas y avoir de rédemption si les responsables russes de cette tuerie ne sont pas punis et la machine démantelée. » En Ukraine, la phrase d'Emmanuel Macron a laissé des traces indélébiles.

« Puissance d'équilibre »

C'est l'une des obsessions diplomatiques d'Emmanuel Macron : la France doit être une « puissance d'équilibre », capable de dialoguer avec tous, y compris avec les dirigeants qui ne partagent pas ses valeurs et ses positions. N'est-ce pas la fonction d'une diplomatie d'un grand pays ? Jusqu'en février 2022, le président utilisait surtout cette expression pour rappeler que la France n'était pas « alignée » sur les États-Unis. Dans le conflit entre l'Ukraine et la Russie, la notion consiste plutôt à projeter la France comme une puissance médiatrice entre Kiev et Moscou, capable de jouer un rôle d'arbitre et de s'imposer, d'entraîner l'Europe dans le règlement de la crise et des grandes crises internationales. Sa position de leader en Europe et son statut de puissance internationale dotée de la dissuasion nucléaire et d'un siège permanent au conseil de sécurité de l'ONU lui donnent une voix singulière, qui porte plus que les autres pays européens. C'est cette conviction d'un rôle particulier pour la France qui fait dire à Emmanuel Macron à l'automne 2022, alors qu'il proposait à la Russie un « chemin de sortie par les voies diplomatiques », que la perspective d'une adhésion de l'Ukraine à l'Union européenne, qu'il était pourtant allé « offrir » à Volodymyr Zelensky en juin, prendrait sans doute « plusieurs décennies ». Car un rapprochement trop rapide de l'Ukraine avec le monde libre briserait le nécessaire « équilibre » avec la Russie.

Le risque, en plaçant la France à équidistance entre l'agresseur et l'agressé, est d'augmenter encore le soupçon de complaisance vis-à-vis de la Russie, qui pèse constamment sur les dirigeants français. Il est aussi de passer à côté de l'histoire. « Il s'agit d'une idée vaine, qui isole le couple franco-allemand au sein même de l'Europe », prévient Thibault Muzergues, chercheur de l'International Republican Institute (IRI), dans une tribune parue dans *Libération* le 5 septembre 2022. « Paris s'accroche à l'illusion qu'en Ukraine, comme dans l'Indopacifique, la France doit être une puissance d'équilibre, celle vers qui on se tournerait naturellement pour régler les conflits du XXIe siècle. Mais ce n'est le cas dans aucun des points chauds du globe, où ce sont plutôt des puissances régionales et locales qui font les facilitateurs dans les négociations, comme la Turquie et la Chine, plus récemment, avec l'Ukraine et la Russie. » Le soutien tacite apporté à la Russie de Vladimir Poutine par une grande partie du monde depuis le début de la guerre a rappelé que de nombreux pays ne sont pas alignés sur l'Occident et ne sont pas affectés par l'ampleur des crimes commis, ni par les coups de marteau et de faucille donnés à l'ordre international post-guerre froide. Quant à la France, elle n'est considérée ni par Moscou ni par Kiev comme une puissance neutre. Les Russes lui reprochent d'armer l'Ukraine et les Ukrainiens de trop téléphoner à Vladimir Poutine. « Le mythe de la puissance d'équilibre est depuis plus de dix ans la clé de voûte d'une politique étrangère devenue plus franco-allemande que franco-française. On a l'impression que les deux pays veulent imposer une politique étrangère apaisant la Chine et la Russie », poursuit le chercheur.

La tradition d'équilibre, pour contrebalancer l'influence américaine sur le continent et redonner sa voix particulière et non alignée à la France, s'incarne dans le dialogue régulier entretenu avec Vladimir Poutine par Emmanuel Macron. « Nombre de nos partenaires occidentaux ne perçoivent pas la France comme une alliée fiable dans cette crise. Elle est toujours soupçonnée de vouloir négocier une paix bricolée sur le dos de l'Ukraine. La France ne pourra pas être une puissance médiatrice dans cette guerre, car son rôle a été trop ambigu. Par ailleurs, Vladimir Poutine méprise les dirigeants européens, qu'il considère comme subordonnés aux États-Unis », juge un diplomate français. C'est aussi l'avis de l'ancien président François Hollande. « Aujourd'hui, il n'y a aucune raison pour que la France soit un intermédiaire entre la Russie et l'Ukraine. » Au-delà de son inefficacité, la « politique d'équilibre » pose un problème moral. Car enfin, comment une démocratie comme la France, le pays des Lumières et des droits de l'homme, peut-elle, depuis l'invasion russe, contrebalancer son soutien à Kiev par une politique d'apaisement avec la Russie de Poutine ? « Nous n'avons pas à être sommés de choisir… Nous devons partout pouvoir garder cette liberté d'action », déclare Emmanuel Macron. La « puissance d'équilibre » est la sœur cadette du « en même temps », qui manque de clarté sur la scène internationale et rend la politique française illisible, car on ne peut pas être « Chamberlain et Churchill à la fois », selon la formule de Pascal Bruckner. La découverte des atrocités commises par les forces russes contre les civils ukrainiens, l'ampleur des destructions et la fuite en avant meurtrière du Kremlin devraient au contraire pousser naturellement à la nécessité d'un « choix » entre l'agresseur et l'agressé.

La « politique d'équilibre » cohabite aussi avec plusieurs illusions. Celle qui consiste à vouloir amarrer à court terme la Russie à l'Europe, alors que le Kremlin, au contraire, se dit en guerre contre l'Occident. Celle qui considère que les rapports personnels suffisent pour infléchir les actes des dirigeants. Celle qui reste persuadée que le couple franco-allemand, malgré la faillite de son analyse russe, peut seul décider du chemin que doit prendre l'Union européenne. Celle qui prétend faire de la France un faiseur de paix, alors qu'elle n'a plus les moyens, notamment militaires, de ses ambitions et que sa voix est de plus en plus isolée en Europe. Celle qui consiste à croire, de manière culpabilisante, que les agressions du régime russe sont en partie dues aux erreurs commises par les Occidentaux depuis la chute du Mur, alors qu'elles sont liées à la nature du régime, aux ambitions de son président et à la bascule du monde. Celle qui veut absolument faire de la Russie de Poutine un État « normal », répondant aux mêmes règles que les pays occidentaux, alors que le régime est un clan mafieux dirigé par des anciens du KGB qui ont mis la main sur toutes les richesses du pays, une kleptocratie dont les pieds trempent encore dans l'ancien monde soviétique. Celle, enfin, qui consiste à penser que la diplomatie peut convaincre Vladimir Poutine, alors que le président russe ne comprend que le rapport de force et la domination, qu'il ne respecte que ceux qui lui résistent et que les concessions ne font qu'entraîner chez lui des exigences croissantes, sur un ton toujours plus comminatoire. « De toute façon, si un jour il y a une médiation, les Russes affirment que c'est avec les Américains qu'ils traiteront », explique un diplomate.

« Cessez-le-feu »

Bien sûr, l'intention est louable et l'espoir d'un retour rapide à la paix est partagé également par l'Ukraine et l'Europe orientale. Mais même dans la guerre il y a un temps pour tout et le moment, encore une fois, a souvent été mal choisi par Emmanuel Macron. Depuis le début de la guerre, le président français n'a eu de cesse d'appeler les deux parties à un cessez-le-feu et à l'ouverture de négociations. Même quand les portes étaient fermées par la Russie, même quand la contre-offensive ukrainienne portait ses fruits. Le président français a été soupçonné de vouloir faire pression sur l'Ukraine afin qu'elle entame des pourparlers, sans exiger de la Russie qu'elle retire d'abord ses troupes des territoires occupés. Les Français voudraient-ils reproduire à l'est l'armistice qu'ils avaient signé à Compiègne en juin 1940 avec le Troisième Reich ? s'interrogent certains à l'étranger. Son initiative, de même que les appels téléphoniques à Vladimir Poutine, se justifiaient au début de la guerre, quand les Russes étaient à l'offensive, que le président Zelensky demandait à Emmanuel Macron de conserver le canal ouvert avec le Kremlin et que l'idée de négocier était discutée à Kiev. Comme le rappelle un diplomate : « Dans les premiers temps de la guerre, c'est le président ukrainien lui-même qui a pris l'initiative de négocier à Gomel, en Biélorussie. Il l'a même fait à l'époque sur la base d'un document russe qui lui était défavorable. Il était prêt à renoncer, en tout cas provisoirement, à la Crimée ! Ce n'est pas Emmanuel Macron qui a inventé l'idée de négocier un cessez-le-feu ! » Oui, mais depuis, la donne a changé à Kiev. L'objectif de Volodymyr

Zelensky est désormais de récupérer tous les territoires occupés par les Russes, y compris la Crimée. Le président ukrainien a passé un décret en septembre 2022 interdisant à l'Ukraine de négocier avec la Russie tant que Vladimir Poutine sera au pouvoir. À l'automne, alors qu'ils reculaient face aux forces ukrainiennes, les Russes se sont parfois dits prêts à l'ouverture de négociations. Mais à leurs conditions, la capitulation. La fausse proposition russe, qui n'était qu'opportunisme, a été rejetée par les Ukrainiens.

L'insistance à réclamer un cessez-le-feu et l'ouverture de négociations ne joue pas en faveur des Ukrainiens. « Un cessez-le-feu aujourd'hui serait totalement à l'avantage des Russes. La guerre ne se terminera pas par de petites négociations, mais par un rapport de force militaire. Les Ukrainiens, après tout ce qu'ils ont subi, ne vont pas baisser les bras comme ça ! » prévient la spécialiste Galia Ackerman. Elle ajoute : « Emmanuel Macron a été élevé dans la tradition jésuite de parler avec tout le monde pour faire avancer les choses. C'est aussi le mantra de notre diplomatie. C'est un vice très profond de la diplomatie française, qui rêve de sa grandeur perdue et pense qu'elle peut encore dicter les choses. » De nombreux spécialistes, de même que la majorité des pays d'Europe centrale et orientale, sont d'accord pour dire que toute solution autre que la libération des territoires ne fera que préparer un nouveau conflit en Ukraine ou ailleurs. « Il est illusoire de croire qu'on peut se débarrasser de Vladimir Poutine grâce à un processus de négociations. Le seul moyen de le faire est de le chasser d'Ukraine sur le terrain. Aider l'Ukraine est le seul moyen d'arrêter la Russie et de s'en protéger », estime Adam Bugajski, représentant du ministère des Affaires étrangères de Pologne pendant le dialogue stratégique franco-polonais en octobre 2022 à Paris. Un cessez-le-feu qui ne respecterait pas l'intégrité territoriale de l'Ukraine servirait les intérêts de la Russie. Le maintien, même partiel, de l'occupation russe à l'est de l'Ukraine ne serait pas seulement immoral, il serait aussi contreproductif, car il entretiendrait le pays dans un état d'instabilité qui l'empêcherait de rejoindre l'OTAN et l'Union européenne. Le « plan de paix » imaginé par la France et l'Allemagne à Minsk après l'annexion de la Crimée en 2014, accompagné d'un cessez-le-feu, avait eu l'avantage de mettre entre parenthèses les combats. Mais il n'avait fait que décaler la reprise de la guerre. Volodymyr Zelensky a toujours considéré qu'ils étaient inapplicables. « Je ne veux offenser personne, mais les accords de Minsk, considérés comme un moyen d'apaiser les choses, étaient en réalité une concession faite à la Russie. Ils ont été écrits afin que personne ne puisse les appliquer et que le conflit soit gelé. En lisant ses dispositions, je n'ai vu aucun désir de sauver l'indépendance de l'Ukraine, je n'y ai vu qu'un moyen d'apaiser l'appétit de la Russie aux dépens de l'Ukraine et de décaler dans le temps le processus diplomatique. C'est une habitude chez les diplomates : décaler les problèmes en espérant qu'ils seront plus faciles à résoudre si on attend plusieurs années. On ne sait jamais, peut-être que l'un des protagonistes mourra d'ici là et que ça aidera à trouver une solution... Les accords de Minsk étaient impossibles à appliquer. Ils contenaient de surcroît une erreur délibérée et jusque-là restée impunie : ils n'incluaient pas la question de la Crimée[1] ! »

1. Entretien avec l'auteur.

De la même manière, un gel des fronts pourrait encourager la Russie à lancer une nouvelle offensive contre l'Ukraine après avoir renforcé son armée. Vladimir Poutine pourrait aussi être tenté de reproduire l'expérience ukrainienne ailleurs, par exemple dans la petite et fragile Moldavie. Nul doute enfin que l'exemple serait analysé par Pékin, dont l'objectif est de faire rentrer Taïwan dans les rangs chinois. C'est aussi l'avis de Boris Bondarev, un ancien diplomate russe qui a témoigné dans *Foreign Affairs* en novembre 2022. « Les responsables occidentaux ont compris les échecs des militaires russes. Mais ils n'ont pas compris que la politique étrangère de ce pays était elle aussi brisée. Beaucoup espèrent des négociations et un accord. Mais tant que Vladimir Poutine sera au pouvoir, l'Ukraine n'aura personne avec qui négocier à Moscou. Le ministère des Affaires étrangères ne sera pas un allié fiable. Ni le gouvernement. Un cessez-le-feu ne ferait que permettre à la Russie d'avoir le temps de se réarmer », prévient-il.

« Garanties de sécurité pour la Russie »

C'est encore une petite phrase, prononcée par Emmanuel Macron à l'occasion de son interview à TF1 le 3 décembre 2022, qui a mis le feu aux poudres. « Qu'est-ce qu'on est prêts à faire tout en donnant des garanties pour sa propre sécurité à la Russie le jour où elle reviendra à la table des négociations ? » Ces quelques mots – « donner des garanties de sécurité à la Russie » – ont été repris avec délectation par la propagande russe. Mais ils ont fait bondir les alliés orientaux de la France et aussi l'Ukraine. Sur son compte Twitter, l'ancien président estonien Toomas Ilves a déposé trois lettres pour dire ce qu'il pensait des mots présidentiels : « FFS », pour « For fuck's sake », c'est-à-dire « putain de merde ». Même réaction du vice-Premier ministre letton Artis Pabriks, pour qui donner des garanties de sécurité à la Russie « revient à tomber dans le piège du récit de Poutine selon lequel l'Occident et l'Ukraine sont responsables de la guerre ». Même colère à Kiev, où les dirigeants ukrainiens sont partagés entre incrédulité et rancœur envers la France. « Quelqu'un veut fournir des garanties de sécurité à un État terroriste et meurtrier ? Au lieu de Nuremberg, signer un accord avec la Russie et se serrer les mains ? Le sang ukrainien sur les mains de Poutine ne gênera pas le *business as usual* ? » s'est exclamé Oleksiy Danilov, le secrétaire du Conseil national de sécurité et de défense ukrainien. « Au lieu de garanties pour la Russie, le monde a besoin de garanties pour la sécurité contre les intentions barbares de la Russie de Vladimir Poutine », affirme Mykhailo Podolyak, un conseiller de Volodymyr Zelensky.

La phrase d'Emmanuel Macron leur paraît à tous déplacée. Car le président français donne l'impression de vouloir une victoire de l'Ukraine tout en refusant une défaite de la Russie ! Ce qui est impossible et contradictoire. La question, estiment-ils, devrait plutôt être d'offrir des garanties de sécurité à l'Ukraine attaquée plutôt qu'à la Russie, qui détruit l'ordre européen, attaque ses voisins, et ne respecte aucune des garanties de sécurité auxquelles elle s'était engagée envers eux, comme le mémorandum de Budapest de 1994 qui offrait théoriquement protection à l'Ukraine en échange de sa renonciation aux armes nucléaires. Tous savent qu'à terme, une paix durable en Europe ne pourra se faire sans inclure la Russie. Mais pour les alliés orientaux de la France, il est peu probable que cette paix puisse être bâtie avec Vladimir Poutine. Il est donc selon eux à la fois « naïf » et « dangereux » de discuter de la future architecture de sécurité en Europe avec un régime dont les mains sont trempées dans le sang et la terreur. L'urgence, disent-ils, est d'abord d'aider l'Ukraine puis d'assurer la sécurité des autres voisins de la Russie qui pourraient être les futures proies du Kremlin, comme la Moldavie, la Biélorussie et la Géorgie. La nouvelle « architecture de sécurité » régulièrement poussée en avant par le président français rappelle aussi le plan proposé par Dmitri Medvedev, le 5 juin 2008, quand il était président intérimaire de Russie. « Un projet de dissolution des alliances, qui aurait laissé chaque nation européenne isolée face à la Russie », résume le spécialiste Jean-Sylvestre Mongrenier dans « L'Occident face à la Russie... », pour Desk Russie.

Une fois n'est pas coutume, les propos d'Emmanuel Macron ont aussi fait grincer des dents en Allemagne. Le porte-parole libéral pour les Affaires étrangères reproche au président français de « reprendre à son compte le narratif du Kremlin », notamment quand il affirme que l'Occident doit répondre à la peur exprimée par Vladimir Poutine que l'Alliance se rapproche de la Russie. « Un des points essentiels, c'est la peur que l'OTAN vienne jusqu'à ses portes, c'est le déploiement d'armes qui peuvent menacer la Russie », avait dit Emmanuel Macron. Le fait est que la Russie a réclamé à plusieurs reprises à l'Occident des « garanties de sécurité », qui visaient à établir *de facto* une

« zone d'influence » russe sur ses anciens satellites. Même Josep Borrell a démenti le président français en affirmant, deux jours plus tard, que la sortie du conflit se fera en offrant « des garanties de sécurité à l'Ukraine ». « Pour la Russie, a-t-il dit, on en parlera plus tard... » Si l'agacement est si vif, c'est parce que ce n'est pas la première fois. L'affaire des « garanties de sécurité à la Russie » est une vieille rengaine de la politique russe de l'Élysée. Avant la guerre, Emmanuel Macron défendait déjà « un dialogue stratégique et historique » avec Vladimir Poutine.

« Vladimir Poutine a changé »

Certains experts et diplomates le répètent sans cesse depuis le début de la guerre. Vladimir Poutine a changé. Il n'est plus celui qu'il était au début des années 2000. Et les Occidentaux auraient joué un rôle dans cette transformation. « Le Vladimir Poutine de 2022 est notre création. Vladimir Poutine était ouvert par rapport à l'Occident. Les États-Unis ont préféré l'Ukraine dans l'OTAN en occultant la Russie, plutôt qu'une neutralité à la finlandaise. C'est une absurdité », estime l'ancien ministre des Affaires étrangères Hubert Védrine.

Certes, pendant la crise du Covid, le président russe s'est isolé pendant deux ans et cet isolement a sans doute exacerbé le sentiment paranoïaque qui l'habite. Quand il lui a rendu visite au Kremlin avant la guerre, le 7 février 2022, préférant, pour cette tentative de médiation désespérée, faire escale d'abord à Moscou alors que les Ukrainiens attendaient sa visite depuis très longtemps, Emmanuel Macron avait confié, dans l'avion du retour, qu'il n'avait pas vu le même Poutine qu'avant. Il avait trouvé le président russe changé, durci et obsédé par son désir de réviser l'histoire. Le président français avait été « décontenancé » par cette transformation.

Pourtant, sur le fond et sur les méthodes, le président russe, un homme du KGB resté homo soviéticus, a toujours été le même. « En vingt-trois ans, Vladimir Poutine n'a pas changé. Il ment tout le temps et ça a toujours été comme ça. Comme si c'était dans sa nature. À moins que ce soit sa formation au KGB ? Il ment, ça sort comme ça. C'est peut-être une pathologie psychique », commente l'oligarque Sergueï Pougatchev, qui vit aujourd'hui à Nice mais a longtemps été un proche du président russe, avant d'être en procès avec lui. Pour justifier la seconde guerre de Tchétchénie et asseoir son pouvoir à la fin du régime de Boris Eltsine, Vladimir Poutine, qui était alors le patron du FSB, l'ancien KGB, n'a pas hésité à organiser des attentats – environ 300 morts – contre des immeubles dans la banlieue de Moscou. Une équipe du FSB avait même été prise en flagrant délit dans l'un des immeubles. À cette époque déjà, il manifestait une grande indifférence à la vie humaine. Ce manque total d'empathie a été confirmé pendant le naufrage du sous-marin nucléaire *Koursk*, dont les 118 marins ont péri en août 2000, alors que Vladimir Poutine s'acharnait à refuser l'aide occidentale. « Quand il a été nommé Premier ministre après un échange tactique de poste avec Dmitri Medvedev en 2008, Vladimir Poutine a dédié ses premiers toasts en soirée à Staline », rappelle l'historienne Galia Ackerman. Elle poursuit : « Il n'a jamais été démocrate. Il n'a jamais manifesté une quelconque attitude libérale. Il n'a jamais démontré de réelle volonté de se rapprocher de l'Occident. Quand il est arrivé au pouvoir, il a pris le contrôle des principales chaînes de télévision et fait fuir ou emprisonner les oligarques ayant une influence politique. » Pendant quelques années, certes, il a séduit certains dirigeants occidentaux, comme George W. Bush, qui l'avait trouvé digne de confiance. « Mais le KGB, poursuit Galia Ackerman, a toujours été le cœur de l'identité de Vladimir Poutine. On y apprend à exploiter les faiblesses, les peurs, ou les envies des autres, et il est devenu fin psychologue. »

L'objectif politique de Vladimir Poutine a toujours été le même : restaurer la grandeur russe. Voire, au début, reconstituer l'ancienne Union soviétique. En 1999 déjà, il affirmait : « Les intérêts stratégiques de la Russie incluent les régions au sud de la Russie et la Baltique. » Puis, en 2000, il disait vouloir « une politique d'expansion extérieure dans le sens positif du terme ». Et encore, en 2020 : « Si la Russie et l'Ukraine devaient fusionner, cela ferait un puissant rival géopolitique à l'Occident. » Sans compter qu'il a toujours voulu créer une nouvelle entité entre la Russie et la Biélorussie. Au sein du pouvoir russe, certains idéologues vont même plus loin et rêvent d'une Europe russe. Voici ce que disait Alexandre Douguine en avril 2014, juste après l'annexion de la Crimée, à la télévision : « Nous devons conquérir l'Europe. Nous pouvons déjà compter sur une cinquième colonne européenne. Nous ne voulons qu'un protectorat sur l'Europe. Pas besoin de faire la guerre pour cela. Les Européens se rendent compte qu'ils sont dégénérés. Nous proposerons aux Européens de les sauver des gays et des Femen. L'Europe entrera dans notre union eurasiatique. Annexer l'Europe, c'est un grand dessein digne de la Russie ! »

Avec la fin de l'URSS qu'il savait ne pas pouvoir contrer, Gorbatchev entrevoyait la possibilité d'une réunification du monde. Quant à Boris Eltsine, son successeur, il partageait le désir d'Europe et de démocratie des élites et des populations russes. Ce ne fut jamais le cas de Vladimir Poutine qui, après avoir assisté au démantèlement de la grande patrie soviétique, a vécu la dislocation de l'URSS comme une défaite. Il n'a jamais supporté non plus l'ordre nouveau de 1991, celui de l'après-guerre froide, organisé autour de l'Occident et de ses valeurs. Voyou des rues converti aux méthodes mafieuses, pure émanation du KGB, il rêve dès le début de revanche puis de vengeance.

Depuis son installation au Kremlin, il a consacré toute son énergie à déconstruire l'ordre de l'après-guerre froide pour le remplacer par une nouvelle organisation du monde qui serve mieux les intérêts de la Russie. « Moscou propose de changer les règles du jeu et les principes de base qui ont fait la sécurité européenne dans les trente dernières années, une situation qui allait très bien aux États-Unis et à l'OTAN, mais jamais à Moscou. Nos propositions ? Les États-Unis doivent se retirer », affirmait, en 2018, le chercheur russe Dmitry Suslov. « Les ressorts des agressions russes n'ont rien à voir avec d'éventuels faux pas de l'OTAN ou de l'Occident, mais s'expliquent par un ensemble de facteurs », note quant à lui l'ancien ambassadeur à Moscou Michel Duclos dans un article pour *Commentaires*. Vladimir Poutine n'a pas changé, il s'est, en quelque sorte, autoradicalisé, en plusieurs étapes. La révolution orange en Ukraine, premier pas vers l'émancipation de

Kiev. En 2007, le discours de Munich, dans lequel il attaque l'unipolarité américaine et dit sa nostalgie pour la « période d'équilibre stratégique » qui fut celle de la guerre froide. En août 2008, l'attaque de la Géorgie pro-occidentale vient confirmer, par les armes, cette radicalisation. Cette même année, la reconnaissance de l'indépendance du Kosovo par l'Occident avait provoqué des crispations au Kremlin, traditionnel allié de la Serbie. Mais ce n'est rien par rapport aux manifestations de 2011 en Russie, qui ébranlent le Kremlin. Dans la foulée, dès 2012, à son retour au poste de président après l'intermède Medvedev, il durcit la répression en Russie, affirme son souhait de « repolarisation du monde » et redéfinit la Russie comme une « puissance non occidentale ». Sur la scène internationale, plusieurs événements l'encouragent dans cette direction. La dérobade de Barack Obama en Syrie en 2013, qui révèle, aux yeux de Moscou, la faiblesse de l'Occident. « 2013 est une date charnière pour Vladimir Poutine. Il se délecte de l'humiliation de Barack Obama, à un moment où la France était très isolée », raconte un ancien très haut responsable français. La révolution de Maïdan en Ukraine l'année suivante, qui menace de faire sortir le pays de la sphère du Kremlin et d'avoir un effet contagieux pour la Russie. Le retrait chaotique des Américains en Afghanistan en août 2021. « Au-delà de l'Ukraine, c'est une guerre pour changer le monde qu'a déclarée Vladimir Poutine », poursuit Michel Duclos. Le président russe l'a d'ailleurs dit cette même année à la Douma : « Nous avons commencé à casser de manière décisive la domination occidentale sur le monde. »

Ses deux premiers mandats ont été consacrés à réinstaurer la Russie sur la scène internationale. Aujourd'hui,

Vladimir Poutine a repris le combat contre l'Occident dont il conteste l'influence sur le monde et dans son proche étranger. Mais cette fois, il a bien l'intention de le gagner. « D'ailleurs, si la guerre en Ukraine s'était produite contre un pays de l'OTAN, il y aurait eu beaucoup de gens plus motivés en Russie pour aller combattre. La mobilisation se serait beaucoup mieux passée », ironise un diplomate russe. Tout se passe comme si Vladimir Poutine avait remonté la pendule géopolitique, pour replonger aux débuts des années 1990 et réécrire une histoire plus favorable à la Russie.

Bien sûr, toutes ces tendances ont été exacerbées et amplifiées depuis le 24 février, le jour où le monde occidental, qui fermait souvent volontairement les yeux sur la réalité russe, a « découvert » le nouveau visage de Vladimir Poutine, c'est-à-dire, en fait, son vrai visage. « Le 24 février rend nulle et non avenue toute la politique occidentale vis-à-vis de la Russie. C'est un retour à la réalité. Ils avaient tous tort. Les États-Unis, l'Allemagne, la France et ceux qui ont cru qu'il suffisait d'être gentil avec Vladimir Poutine pour le contenir. Tout cela est faux. Et tous ceux qui ont mené cette politique ont été trahis par Vladimir Poutine lui-même. Vous nous dites depuis 2014 qu'il suffit de gagner le cœur des gens pour regagner ses terres. Mais vous avez eu tort là-dessus aussi. Il faut reconquérir la terre d'abord, puis vous gagnerez les cœurs », explique Dmytro Kuleba, le ministre des Affaires étrangères, dans le film de la réalisatrice Anne Poiret, *Chronique d'une guerre annoncée*.

La conviction de la France et de l'Allemagne d'avoir affaire à une Russie européenne et influençable a largement contribué à ce qui ressemble aujourd'hui à une faillite de la pensée stratégique occidentale, à son incapacité à comprendre la nature de la menace russe. Mais c'est l'Occident dans son ensemble qui est responsable, lui qui n'a pas vu le côté caméléon de Vladimir Poutine et a fermé les yeux le plus longtemps possible, c'est-à-dire jusqu'au 24 février, sur sa nature et ses ambitions. « Notre rapport à la Russie a reposé ces dernières décennies sur le même présupposé classique que celui qui a guidé la construction européenne : l'idée que l'interdépendance des sociétés conduit en définitive à la paix », écrit sur Twitter la spécialiste des mondes russes et soviétiques Anna Colin Lebedev. Selon cette croyance, très forte en Allemagne, le commerce, qui adoucit toujours les mœurs, conduit à la paix, de même que l'interdépendance des économies. « Cela aurait dû être un gagnant-gagnant. Mais les acteurs économiques ne sont pas autonomes du politique en Russie. Le Kremlin a fait ses choix selon d'autres priorités que l'économie », poursuit la chercheuse. L'idéologie, notamment, qui domine toujours les décisions russes. L'Europe dans son ensemble, mais surtout l'Allemagne et la France, ont vécu dans un ordre mondial post-guerre froide qui leur offrait la configuration internationale la plus avantageuse, avec la paix, les richesses et la promesse illusoire d'une « fin de l'histoire » qui mettrait à jamais le continent européen à l'abri. Dans ce monde rêvé à Paris et à Berlin, la Russie devait venir progressivement à la démocratie. C'était méconnaître la nature de Vladimir Poutine et la capacité de l'Europe à le raisonner. Les leçons des précédents échecs de réchauffement des relations avec Vladimir Poutine n'ont pas été tirées, comme le « reset » de Barack Obama, offert par Hillary Clinton à Sergueï Lavrov en 2009, qui n'a pas survécu plus d'un an.

« La France n'utilisera pas l'arme nucléaire »

En regardant l'interview d'Emmanuel Macron sur France 2, ce soir d'octobre 2022, de nombreux officiers généraux se sont étranglés. La première chose qu'apprend un président de la République, lorsqu'il arrive à l'Élysée après avoir été élu, est le fonctionnement de la dissuasion nucléaire. Dans le bunker du « château », le chef d'état-major particulier (CEMP) du président accueille solennellement le nouveau venu pour lui expliquer les responsabilités et le poids particuliers, inhérents à la possession de la bombe nucléaire, l'arme fatale, celle qui peut détruire la planète, qui pèsent sur un chef d'État français. Ce soir d'octobre à la télévision, Emmanuel Macron avait-il oublié les leçons du CEMP sur le fonctionnement de la dissuasion ? Interrogé sur la réaction de la France en cas d'attaque nucléaire tactique contre l'Ukraine, il a répondu que la réponse ne serait pas nucléaire. Sur le fond, le président français ne faisait qu'énoncer l'évidence. Personne ne veut, en Occident, le déclenchement d'une troisième guerre mondiale et le basculement dans un conflit nucléaire qui pourrait entraîner l'annihilation de la planète. Mais si ces évidences se pensent et se disent entre experts ou spécialistes, elles ne peuvent pas être formulées publiquement par le président, chef des armées, au risque d'affaiblir la dissuasion française, dont le fonctionnement repose justement sur le flou et l'ambiguïté. Si les intérêts vitaux de la France ne sont pas définis dans la doctrine nucléaire, c'est justement pour entretenir l'ambiguïté qui fait la force et l'efficacité de la dissuasion. Les partenaires européens de la

France, eux non plus, n'ont pas apprécié la phrase, qui concernait aussi « les pays de la région », c'est-à-dire ceux de l'Europe. Le président français sous-entendait donc que la dissuasion française ne se verrait pas concernée en cas d'attaque par une bombe nucléaire tactique russe sur un de ses voisins. En 2020, pendant son discours à l'École de guerre, Emmanuel Macron avait pourtant dit le contraire. « Soyons clairs : les intérêts vitaux de la France ont désormais une dimension européenne. » Les propos du président français à France 2 ont renforcé les Polonais et les Baltes dans leur conviction que leur salut réside uniquement dans la garantie américaine.

« L'État profond »

C'était le 27 août 2019, à l'Élysée, sous les ors de la République, devant tous les diplomates français et les grands responsables de la politique étrangère, de la stratégie et des forces armées. Grand-messe de la diplomatie française, la conférence des ambassadeurs réunit chaque année l'Élysée et le Quai d'Orsay pour créer une synergie dans la mise en œuvre des priorités de la politique étrangère. Celle de 2019 a fait exception à la règle. Au lieu de réunir, elle a divisé. Devant des diplomates incrédules, Emmanuel Macron a rappelé à l'ordre les ambassadeurs d'une manière directe et sèche, dénonçant les « résistances » qu'ils opposent selon lui à ses initiatives internationales. Il a mis en cause l'« État profond » qui aurait tenté de freiner le réchauffement des relations avec la Russie, lancé par le président à Versailles en 2017, puis confirmé au fort de Brégançon en 2018. « Avec moi, dit-il à l'époque dans une interview au *Figaro* avec l'auteur, ce sera la fin d'une idéologie néoconservatrice importée en France depuis dix ans. » Ceux qui, au Quai d'Orsay ou au ministère de la Défense, voyaient davantage en Vladimir Poutine un destructeur de l'ordre international et une menace pour l'Europe qu'un partenaire ont été priés par Emmanuel Macron de changer de cap et de ne plus se focaliser sur leurs mauvaises expériences. Le temps de la méfiance à l'égard de la Russie était révolu et les ambassadeurs devaient en prendre acte. « Je sais que beaucoup d'entre vous se sont formés dans la défiance envers la Russie... En général, sur ce sujet, on écoute le président et on fait comme d'habitude. Je ne saurais que vous conseiller de ne pas suivre cette voie. » Car elle est « inefficace » et « décrédibilise » la parole présidentielle. Les attaques du président visaient surtout les représentants des Affaires stratégiques, les plus critiques vis-à-vis de la Russie. À l'adresse de tous ceux qui, dans la salle, auraient imaginé lui opposer leur compétence et leur connaissance intime du métier de diplomate, Emmanuel Macron a été clair : « Par définition, les experts ne sont experts que de ce qui existe déjà. » Le président français a aussi demandé aux ambassadeurs, qui parfois font partie de l'« ancien monde », de faire preuve de « plus d'audace », affirmant que les « habitudes et les dogmes » sur lesquels s'est appuyée la diplomatie française pendant des décennies n'étaient plus valables pour tenter de rebâtir un ordre mondial nouveau. « Ne pensez pas dans les cadres, réinvestissez dans les sociétés civiles de vos pays respectifs », leur a-t-il lancé. Les diplomates, polis, obéissants et loyaux, ont applaudi. Mais beaucoup d'entre eux avaient un sourire amer aux lèvres. « Ah ! Je les ai calmés », a dit le président à ses conseillers après la conférence. Sur le dossier russo-ukrainien particulièrement, Emmanuel Macron donne l'impression d'être seul aux commandes. Il se passe de l'expertise des diplomates, pourtant rompus à la Russie poutinienne. Il fait d'autant plus facilement cavalier seul qu'il a placé aux commandes de la diplomatie et du ministère des Armées des ministres, Catherine Colonna et Sébastien Lecornu, ayant moins de poids politique que leurs prédécesseurs, notamment Jean-Yves Le Drian. Pour compléter la dépendance au 2, rue de l'Élysée, où se met en forme, sous la houlette du sherpa Emmanuel Bonne, la politique russe de la France, il a installé au Quai d'Orsay deux anciens de sa promotion de l'ENA, le directeur de cabinet Luis Vassy et celui de la mondialisation Aurélien Lechevallier.

La pilule n'a jamais été avalée par les agents du ministère, qui ont été autant troublés par l'agressivité du président à leur égard que par l'illusion de sa politique de la main tendue à la Russie. « Ç'a été très dur pour nous. Le président nous a ouvertement accusés de saboter son travail sur la Russie, en nous disant qu'on était des ringards parce que nous avions fait nos classes pendant la guerre froide et qu'il fallait maintenant passer à autre chose. Beaucoup d'entre nous n'ont pas oublié ces paroles de défi prononcées en public », commente un diplomate. Se rapprocher de la Russie ? Tous les diplomates ont essayé depuis l'arrivée de Vladimir Poutine. Ils ont multiplié les voyages à Moscou et recherché des compromis avec le président russe. Mais leurs initiatives ont buté sur les refus répétés, les mensonges et la mauvaise volonté du Kremlin. C'est forts de cette expérience, tannée par les échecs et les déceptions, qu'ils ont parfois traîné des pieds pour appliquer la nouvelle politique russe de l'Élysée. Mais pas pour la bloquer... Les diplomates ont d'autant plus mal pris la critique qu'ils ont toujours été loyaux envers l'Élysée et qu'ils ont toujours servi avec dévouement les intérêts de la France. Leur trouble a depuis été alimenté par la réforme de leur administration qui, en niant la spécificité du métier de diplomate, en ouvrant le Quai d'Orsay aux autres corps de la haute fonction publique, pourrait affaiblir l'influence de la France à l'étranger. L'invasion russe de l'Ukraine, le 24 février 2022, avait pourtant donné raison à leurs analyses. Le président a-t-il fait son mea culpa auprès des diplomates ? « Il s'est borné à saluer leur professionnalisme », élude un haut responsable du ministère.

Chapitre IV

Macron vu par Poutine

L'image de cette immense table ovale en marbre blanc, au Kremlin, tout au bout de laquelle Vladimir Poutine avait installé pendant cinq heures et demie Emmanuel Macron, qui voulait le convaincre de ne pas intervenir en Ukraine, le 7 février 2022, restera l'une des plus fortes de l'histoire récente de la diplomatie française. Selon l'une des versions, cet éloignement volontaire avait pour origine le Covid et le refus du président français, qui en avait déjà fait plusieurs en France, de subir un nouveau test PCR en arrivant à l'aéroport de Moscou. De peur de laisser ses traces d'ADN dans un pays gouverné par le KGB… Certains dirigeants, qui s'étaient pliés à l'exigence sanitaire, avaient eu droit à une petite table ronde et même à une poignée de main du maître de la Russie. Mais le principal allié européen de Moscou, le Hongrois Viktor Orban, avait lui aussi été tenu à 5 mètres de distance sur cette même table, parce qu'il avait lui aussi refusé le test PCR. La déportation du président français à l'autre bout de la table disait la paranoïa du président russe, surnommé « bunker leader ». Pendant les deux ans qu'a duré la pandémie, Vladimir Poutine s'est replié, solitaire, dans ses bureaux du Kremlin ou dans sa datcha. Il imposait des douches désinfectantes et de longues quarantaines à ses visiteurs. Mais le délire paranoïaque de Vladimir Poutine est antérieur au Covid. Pendant ses voyages, il se fait toujours accompagner d'un préposé muni d'un seau pour récupérer ses selles afin de s'assurer qu'elles ne restent pas à l'étranger, où elles pourraient être analysées par des gens malveillants... La stupéfiante mise à distance d'Emmanuel Macron, dont on connaît les élans tactiles, était aussi un geste symbolique. Il disait tout le mépris du maître du Kremlin pour le président français, chef de cette Europe honnie et empêcheuse de tourner en rond.

La politique d'apaisement avancée par Emmanuel Macron glisse sur Vladimir Poutine, un animal glacial fermé aux émotions et au *soft power*, comme sur de l'huile. « Il joue avec les dirigeants européens comme un chat avec une souris », observe un diplomate français. Il tient à garder toujours l'initiative. « Emmanuel Macron appelle très souvent. Mais heureusement, Vladimir Poutine ne décroche pas chaque fois », se félicitait, à l'automne 2022, le propagandiste en chef du Kremlin, Vladimir Soloviev. Est-ce pour cette raison que le dernier entretien téléphonique, annoncé par le président français à la fin de l'année 2022, n'a finalement jamais eu lieu ?

« Macrontchik », « le petit Macron », voilà comment Vladimir Poutine appelle son homologue français. Emmanuel Macron n'a jamais été sa tasse de vodka. Il l'a toujours considéré comme un adversaire, qu'il fallait charmer, tancer ou humilier, selon les intérêts de la Russie. En 2017, Vladimir Poutine avait plutôt misé sur les russophiles Marine Le Pen et François Fillon. Quand ce dernier avait gagné la primaire des

Républicains, il lui avait envoyé un message de félicitations très chaleureux. Vladimir Poutine, qui cherchait des alliés en France, notamment pour promouvoir le gazoduc Nordstream 2 et pour mener sa stratégie d'influence en Europe, l'avait reçu à Sotchi et le prenait au téléphone. Et quand il sera abattu en France par les « affaires », il se verra offrir deux postes d'administrateur de grandes entreprises en Russie. Quant à Marine Le Pen, elle fréquentait Moscou pour l'argent et la connivence politique. Vladimir Poutine a aussi pu faire affaire avec Jean-Luc Mélenchon, qui a toujours soutenu ses positions. « Nous avons beaucoup d'amis en France qui sont d'accord avec la Russie », affirmait-il avant la guerre. Parmi les favoris du Kremlin, on trouve l'ancien ministre des Transports Thierry Mariani et les membres de son « Dialogue franco-russe », tous opposés aux sanctions internationales contre Moscou. Dans l'esprit de Vladimir Poutine, tout est bon pour servir les desseins du Kremlin, et notamment l'affaiblissement de l'Union européenne. « L'Union européenne comme l'URSS, à la fin, va s'effondrer. Elle cédera face au projet d'alliance des extrêmes droites européennes, qui s'opposent à la politique de sanctions de Bruxelles », prédit Konstantin Malofeev, oligarque russe ultra-orthodoxe et proche du président russe. L'historienne Françoise Thom l'écrivait déjà en août 2016 sur Diploweb : « La Russie escompte que la France étant passée dans son orbite, il ne restera plus aux autres États européens qu'à suivre l'exemple français. »

Emmanuel Macron, lui, n'a jamais bénéficié d'aucun traitement de faveur à Moscou. Parmi les candidats de l'élection présidentielle de 2017, il arrive loin derrière dans la sélection du Kremlin... Sa campagne électorale a même été prise pour cible par les hackers russes. Mais dans la catégorie des « mauvais » Occidentaux, il n'est pas non plus le pire pour Vladimir Poutine. Il a toujours été plus en vogue au Kremlin que la chancelière allemande, dont le président russe aimait réveiller la phobie des chiens en la recevant en compagnie de son labrador. « Poutine sait exploiter les faiblesses et les approximations narratives de Macron », résume un diplomate français. Quand le président français avait affirmé pendant la conférence des ambassadeurs de 2019 que l'Europe devait cesser d'être le théâtre d'une lutte stratégique entre les États-Unis et la Russie, les propagandistes russes, qui espéraient sans doute un changement d'alliance de la part de la France, avaient applaudi. « La France reconnaît la fin de l'hégémonie occidentale », avait triomphalement interprété l'agence d'État RIA Novosti. Le commentateur Mikhaïl Leontiev avait vu dans les propos d'Emmanuel Macron l'indice de la chute prochaine de l'Europe, espérée par le Kremlin. « C'est un cri dans la tombe », avait-il dit. Plus tôt, le Kremlin s'était aussi félicité du blocage, par la France et l'Allemagne, de l'élargissement de l'Union européenne à la Macédoine du Nord et à l'Albanie, qui favorisait les ambitions russes d'hégémonie dans les Balkans. Comme il avait salué, en 2008, le veto de Nicolas Sarkozy et d'Angela Merkel à l'entrée de l'Ukraine et de la Géorgie dans l'OTAN. « Du côté russe, on a toujours apprécié la volonté d'Emmanuel Macron de trouver une formule de sécurité européenne qui soit mutuellement acceptable », explique l'ancienne ambassadrice française à Moscou, Sylvie Bermann.

La France est à la fois considérée par le Kremlin comme un maillon faible de l'Europe vis-à-vis de la Russie et comme l'un des deux grands pays de l'Union, à l'origine de la plupart de ses initiatives. Ce qui explique qu'elle soit une cible particulière de la propagande et des tentatives de déstabilisation, mais aussi que Vladimir Poutine réponde aux sollicitations d'Emmanuel Macron. Élément fragile de l'OTAN, où elle est appréciée par Moscou comme une potentielle force de nuisance, la France est vue comme un pays facile à manipuler. « En appuyant sur le bouton de la vanité française, on arrivera à beaucoup de choses. C'est comme ça qu'on pense à Moscou », prévient Françoise Thom. Paris doit notamment servir à venger la Russie des « affronts » commis par les Occidentaux à Yalta. « L'engagement des Américains en Europe et la création de l'OTAN, poursuit la spécialiste, ont empêché Staline de réaliser son projet d'hégémonie européenne. Vladimir Poutine veut rejouer Yalta et Potsdam, mais avec de meilleures cartes qu'en 1945. »

De tout temps, la diplomatie russe a placé en concurrence les différents pays d'Europe pour gagner les faveurs de Moscou, disant à chacun ce que celui-ci souhaite entendre. Ainsi Trotski, en 1917, quand il dit à l'ambassadeur Joseph Noulens : « J'ai voulu vous témoigner la différence que je mets entre la France et les autres alliés. » Ou Mikhail Gorbatchev en 1986, se confiant après une rencontre avec François Mitterrand : « Les Français sont flattés de ce que nous nous tournions vers eux avant les autres. Le président Mitterrand veut paraître grand. Nous pouvons exploiter cela... Nous n'y perdrons rien... » Au début de la guerre en Ukraine, Vladimir Poutine semble avoir misé sur Paris pour tenter de diviser l'Union européenne. « Aux yeux des dirigeants russes, tous les espoirs semblaient permis. On escomptait que le président français ferait pression sur Kiev pour forcer l'Ukraine à capituler en acceptant toutes les exigences russes qui revenaient à la liquidation de l'État ukrainien », affirme un diplomate. Il poursuit : « Avec les uns, Vladimir Poutine utilise l'argent. Avec les autres, la vanité. Les Russes savent que les Français aiment être flattés. Ils en jouent beaucoup et très bien. »

Utilisé, Emmanuel Macron n'est pourtant guère apprécié dans les cercles du pouvoir russe. « Les élites qui font la politique étrangère l'ont identifié comme un homme politique qui compense sa faiblesse domestique en lançant des initiatives extrêmement audacieuses, mais trop faiblement pensées », juge l'analyste politique estonienne Kadri Liik. Pendant le forum de Saint-Pétersbourg en 2019, le président ne s'en est pas rendu compte, mais son discours, très conceptuel et nourri de trop nombreuses références littéraires et historiques, avait suscité une certaine perplexité chez ceux qui l'avaient écouté en russe. « Traduit en russe, il était incompréhensible. Et beaucoup trop compliqué », commente un expert qui faisait partie du voyage. Au premier rang, les responsables, dont le chef de la diplomatie Sergueï Lavrov, riaient franchement à ses références appuyées et systématiques aux grands écrivains russes et surtout à Tolstoï et à son *Guerre et Paix*. Pour le Kremlin, Emmanuel Macron parle beaucoup, mais agit peu. « Il agite les références culturelles sans vraiment connaître les auteurs », commente un journaliste russe. Et surtout, il ne dispose pas des leviers et de l'influence nécessaires pour pouvoir mettre en œuvre ses projets. « Emmanuel Macron fait le maximum, mais sa marge de manœuvre est presque inexistante. Il est lié par ses engagements au sein de l'OTAN. Il a une vision, une intelligence, une volonté, contrairement aux autres chefs d'État européens qui sont nuls. Mais chaque fois qu'il veut faire quelque chose, on lui tape dessus. Il a compris qu'il ne fallait pas abîmer la relation avec la Russie pour préserver l'avenir. Mais il n'a pas les moyens de sa politique », décrypte un haut diplomate russe. Il poursuit : « Emmanuel Macron veut faire des coups, mais il n'a pas la force de frappe, alors il ne se passe rien. »

La presse russe est toujours un excellent indice des dispositions du Kremlin. Or, elle a toujours fait preuve d'une grande hostilité vis-à-vis d'Emmanuel Macron, même quand il déployait des efforts pour renouer le dialogue. « Pourquoi ? Je pense que l'une des origines se trouve à Versailles. Le président français, à peine élu, a accusé les employés de l'agence russe RT d'être des agents de propagande et non des journalistes. Emmanuel Macron a mouché Vladimir Poutine en public, il lui a infligé une offense personnelle. À partir de là, c'était foutu », juge l'historienne et spécialiste de la Russie Françoise Thom. Comme le rappelle l'oligarque Sergueï Pougatchev, ancien proche du président russe, Vladimir Poutine considère que la géopolitique est « d'abord une question de personnes ». L'échec de l'ancien président pro-russe Viktor Ianoukovitch aux élections de 2004 serait selon lui en grande partie à l'origine de sa haine de l'Ukraine. Il n'aurait jamais pardonné cet affront fait à un candidat qu'il soutenait et qui lui avait gardé sa confiance. « Ce que n'aime pas Vladimir Poutine chez Emmanuel Macron, c'est que le président français dit une chose et fait le contraire. Il ne respecte pas sa parole. Poutine est un mafieux et il respecte la loi du milieu, qui consiste à tenir sa parole et ses engagements », décrypte Françoise Thom.

Le président russe ne connaît pas bien la France, il est plus proche de la culture allemande, où il a fait ses classes d'agent soviétique. Mais il y a une autre raison à son mépris envers Emmanuel Macron, qui est partagé par le ministre des Affaires étrangères, Sergueï Lavrov. « Les Russes ont compris que cette aventure européenne qui les exaspère est menée par la France et l'Allemagne. Mais surtout, en ce qui concerne le niveau stratégique, par la France. Or, Vladimir Poutine veut affaiblir et diviser l'Europe. Pour lui, nous sommes des gêneurs », explique Jean-Maurice Ripert, ancien ambassadeur de France en Russie. La « journaliste » Elena Karaeva est sans doute l'une des propagandistes proches du Kremlin les plus hostiles à Emmanuel Macron, même si elle ne représente pas l'opinion du ministère des Affaires étrangères, plus mesuré. En décembre 2021, quelques semaines avant l'invasion de l'Ukraine, elle écrivait sur RIA Novosti, l'agence officielle : « Après avoir été battu en Afrique, forcé de retirer son contingent militaire, le président français, en tant que commandant en chef, ne peut que savoir qu'en cas de confrontation avec les Russes, ses forces armées ne dureront pas un jour. Égoïstement effrayé pour sa petite personne et réalisant qu'une conversation avec Vladimir Poutine serait conduite selon les termes russes, Emmanuel Macron a envoyé son émissaire Pierre Vimont, un homme de confiance, à Moscou. » Propagandiste en chef du Kremlin sur la télévision d'État, Vladimir Soloviev tape encore plus fort sur la France d'Emmanuel Macron. Après la livraison des chars légers AMX à Kiev, il a carrément proposé des « frappes préventives » contre la France, un pays qui « ne devrait pas exister ». En avril 2022, cette même télévision avait vanté les mérites du missile balistique Sarmat, capable de transporter jusqu'à dix têtes nucléaires, d'atteindre Paris, depuis Kaliningrad, « en 200 secondes » et de « raser un pays comme la France ou le Royaume-Uni ». Depuis, elle ne cesse d'affirmer que la France « nuit ouvertement à la Russie », en tant que « partie au conflit ».

Et puis il y a eu l'initiative malheureuse du président français au début de l'été. « Quand je parle à Macron, je pars du principe que quelqu'un écoute nos conversations. » À Valdaï en octobre 2022, Vladimir Poutine a dit tout haut ce qu'il pensait de la publication, en juillet par l'Élysée, d'une de ses conversations avec le président français. Le documentaire de Guy Lagache diffusé par France 2, *Un président, l'Europe et la guerre*, qui reprenait un échange téléphonique du 20 février 2022, quatre jours avant la guerre, n'était guère favorable à Emmanuel Macron, car il montrait la désinvolture avec laquelle Vladimir Poutine s'adressait à lui. Mais trois mois plus tard, le président russe n'avait toujours pas digéré l'affront. « Je pense qu'il existe certains formats de communication entre les chefs d'État et qu'ils doivent être respectés, sinon la crédibilité de ce que fait le partenaire est perdue », a poursuivi Vladimir Poutine. Le président russe regrette de ne pas avoir été prévenu par l'Élysée. « Lorsque nous avons des conversations téléphoniques, y compris par des canaux de communication fermés, nous partons toujours du principe qu'il s'agit de conversations confidentielles, qu'elles ne sont pas susceptibles d'être divulguées au public. Si elles sont diffusées de manière unilatérale, c'est indécent. » Même RIA Novosti s'en est donné à cœur joie : « Depuis longtemps, les Français ne respectent plus les règles diplomatiques des négociations », affirme l'agence. S'il existait un gramme de confiance de Vladimir Poutine envers Emmanuel Macron, il a disparu avec ce qui est considéré au Kremlin comme une « trahison ».

Chapitre V

Macron vu par Zelensky

Comme ses prédécesseurs, Emmanuel Macron élabore la politique ukrainienne de la France avec des lunettes russes et ce regard, forcément, se traduit dans la relation avec Kiev. Celle qu'il entretient avec Volodymyr Zelensky a connu des hauts et des bas. Elle a commencé sous les meilleurs auspices, quand le président français a reçu son futur homologue, acteur et outsider de la politique, entre les deux tours de l'élection ukrainienne, en avril 2019. Les deux hommes ont tout pour s'entendre : la jeunesse, le charisme, l'énergie, le courage, la volonté réformatrice, et surtout une personnalité disruptive qui les a propulsés en quelques mois au sommet du pouvoir, alors que personne ne les attendait. Entre celui que certains surnomment le « Macron ukrainien » et le jeune président français, deux extraterrestres de la politique, le courant passe très vite.

Depuis, la relation a connu de nombreuses crises. En 2019, la proposition du président français de bâtir une nouvelle architecture de sécurité « avec la Russie », c'est-à-dire avec le pays agresseur de l'Ukraine, qui a annexé la Crimée et déstabilisé le Donbass au printemps 2014, avait provoqué des grincements de dents à Kiev. Les tiraillements et les malentendus se sont amplifiés depuis le début de la guerre, en février 2022. Dans l'Ukraine à vif, déchiquetée par les bombardements russes et les ambitions d'un Kremlin qui veut l'avaler et la détruire, certaines phrases du président français ne sont pas passées, comme l'injonction d'Emmanuel Macron à « ne pas humilier la Russie », ou ses références aux « peuples frères » russe et ukrainien, qui reprennent le récit du Kremlin sur les relations entre Moscou et Kiev, comme son appétence pour un compromis qui mette fin rapidement à la guerre, son acharnement à parler avec Vladimir Poutine malgré l'absence de résultats.

Pour le président français, la guerre menée par la Russie en Ukraine ne peut pas se terminer sur le champ de bataille, mais doit se résoudre par la diplomatie, seul moyen pour lui d'obtenir une « paix durable », y compris avec Vladimir Poutine s'il est encore au pouvoir quand la guerre se termine. Il ne veut pas vendre la peau de l'ours russe avant qu'il n'ait été abattu. Il a sans doute en mémoire l'exemple de la Syrie, où la France, qui ne donnait pas cher de son avenir, avait conditionné la reprise des négociations au départ de Bachar el-Assad, bourreau de son peuple et destructeur des équilibres au Moyen-Orient. Onze ans après le début de la rébellion, Bachar el-Assad est toujours au pouvoir et la France est marginalisée au Levant… Mais cette analyse est rejetée par Kiev, qui considère que depuis les massacres commis par les forces russes en Ukraine et l'escalade guerrière et messianique du Kremlin, il n'est plus possible de négocier avec Vladimir Poutine.

En Ukraine, on a inventé un nouveau mot, « macroner », pour désigner le fait de « parler pour ne rien dire » ou de « s'inquiéter pour ne rien faire ». Et puis un autre : « le pendule de Macron », pour désigner les allers-retours de la politique russe du président français. L'Ukraine fait la différence entre ceux qui veulent une victoire ukrainienne et ceux qui sont soupçonnés de privilégier l'hypothèse d'un cessez-le-feu. « J'aimerais bien avoir avec Emmanuel Macron des relations encore meilleures que celles qu'il entretient avec Vladimir Poutine ! Je conçois que le président français veuille préserver son entente avec la Russie, mais il doit aussi comprendre ma position. Emmanuel Macron doit comprendre le danger avant que les événements d'Ukraine ne se reproduisent ailleurs », disait Volodymyr Zelensky avant l'invasion du 24 février (interview avec l'auteur). Après le déclenchement de la guerre, les critiques se sont poursuivies. « Quand Emmanuel Macron parle à Vladimir Poutine, je confirme que nous sommes informés. Mais c'est lui qui a la décision finale de poursuivre ou non. Je ne suis pas sûr que Vladimir Poutine soit prêt à entendre ses arguments. Il faut inverser quelque chose dans cette manière de faire. Il est impossible de faire cesser cette guerre comme ça. Impossible unilatéralement de forcer la Russie à arrêter la guerre. Seule une action collective le peut », a-t-il affirmé en juin 2022, pendant sa conférence de presse à Kiev avec Emmanuel Macron. Les ambiguïtés du président français passent mal à Kiev. « Les appels à éviter l'humiliation de la Russie et à ne pas céder à la tentation de l'esprit de revanche ne peuvent qu'humilier la France. Parce que c'est la Russie qui s'humilie elle-même », affirmait Dmytro Kuleba, le ministre des Affaires étrangères, ce même mois de juin. Pendant cette conférence de presse, les questions posées par les journalistes ukrainiens ne ménageaient pas le président français : « Vous avez souvent dit que toute guerre se termine par des négociations et qu'il faut sauver la face de Vladimir Poutine. Voulez-vous des concessions territoriales ? ». Dans l'interview qu'il a donnée au *Figaro* en février 2023, Volodymyr Zelensky a redit son incompréhension envers les hésitations françaises. « Nous avons tous peur de la guerre, c'est un instinct naturel. Je ne peux blâmer personne de ressentir cette peur. Tous les pays occidentaux redoutent que la guerre s'étende. Ils disent qu'ils sont désolés pour l'Ukraine, mais que le pire serait que la guerre arrive chez eux. C'est pourquoi les dirigeants européens nous voient comme une menace pour leur société, pour la stabilité de leur pays, pour leur qualité de vie et aussi pour leur pouvoir politique. Ils veulent stopper la guerre le plus vite possible. Et le plus facile est de le faire aux dépens de quelqu'un. C'est la nature humaine : on est prêt à sacrifier les populations d'un autre pays, mais pas les siennes. Je n'essaie pas d'être objectif car je suis le président d'un pays en guerre. Je m'autorise donc à être subjectif. Certains en Occident pensent que pour arrêter la guerre, il faut accorder à Poutine ce qu'il réclame, un bout de territoire, le Donbass et la Crimée. Il s'agirait de donner l'opportunité à la Russie d'occuper l'Ukraine et d'y restaurer l'influence qu'elle avait à l'époque soviétique. En bref, on nous suggère de revenir dans le giron russe et de permettre à nouveau au Kremlin de nous contrôler. Mais quel est ce droit incroyable que les Russes ont inventé pour eux-mêmes et qui leur permettrait de contrôler leurs voisins indépendants ? »

Mais les critiques ukrainiennes viennent de plus loin, elles plongent dans les vieilles résistances françaises à voir l'Ukraine se rapprocher de l'Union européenne et au veto de Paris à son entrée dans l'OTAN en 2008, au sommet de Bucarest, afin de ne pas compromettre ses relations avec la Russie. Au lendemain de la découverte des atrocités commises à Boutcha pendant l'occupation russe, au printemps 2022, Volodymyr Zelensky s'en était pris à Paris et Berlin, qui avaient fermé la porte à Kiev, alors qu'une adhésion à l'Alliance aurait pu protéger son pays contre les attaques russes en vertu de la garantie de défense collective de l'article. « Mme Merkel et M. Sarkozy devraient visiter Boutcha pour voir à quoi la politique de concessions à la Russie a conduit en quatorze ans... voir de leurs propres yeux les hommes et les femmes ukrainiens torturés. » Il poursuivait : « Ils pensaient qu'en refusant l'Ukraine, ils pourraient apaiser la Russie, la convaincre de respecter l'Ukraine et de vivre normalement à nos côtés. » On ne peut, en écoutant ces propos, que penser à ceux qu'avait adressés Churchill à Neville Chamberlain, juste après la conférence de Munich, en 1938 : « Le gouvernement avait le choix entre la guerre et le déshonneur ; il a choisi le déshonneur et il aura la guerre. » Et aux mots de Daladier qui, en revenant de Munich, alors qu'une foule l'attend au Bourget, demande à son pilote de trouver un autre aéroport, de peur qu'elle le « lynche ». Il n'imaginait pas, après son renoncement munichois, qu'elle était au contraire là pour l'acclamer, pour le remercier d'avoir su préserver la paix ! Il faut cependant préciser qu'à l'époque, l'adhésion à l'OTAN ne recueillait pas l'unanimité en Ukraine, encore divisée, surtout dans sa partie est, sur la marche à suivre vis-à-vis du Kremlin. À la décharge du président français, toutes les comparaisons historiques ont aussi leurs limites et celle-ci bute sur le statut nucléaire de la Russie, ligne rouge absolue pour les Occidentaux, à juste titre sans doute. Sur ce point, l'Élysée se dit d'ailleurs en parfaite entente avec l'administration de Joe Biden. Le président américain commence toutes ses adresses au Congrès en affirmant qu'il ne sera pas « celui qui déclenchera la troisième guerre mondiale ». Mais la différence entre Emmanuel Macron et Joe Biden, à part le niveau d'armement fourni à l'Ukraine, c'est que le premier exprime ouvertement et publiquement tous ses doutes et ses interrogations, tandis que le second les garde pour son entourage...

Sur le fond, les critiques adressées à Emmanuel Macron par l'Ukraine et les alliés orientaux de la France sont en partie injustes, nous l'avons déjà souligné. Malgré ses ambiguïtés initiales vis-à-vis de la Russie de Poutine, le président français n'a jamais cédé sur les sanctions. Même si la crise a montré les limites des stocks militaires français, il a fourni des canons Caesar et des systèmes de défense antiaériens à l'armée ukrainienne, et même, en janvier 2023, les premiers chars légers qui ont ouvert la porte aux blindés lourds. Il a participé au renforcement du flanc est de l'OTAN. Les réfugiés ukrainiens ont été accueillis en France d'une manière exemplaire et Paris multiplie les initiatives pour gonfler l'aide des pays occidentaux à l'Ukraine, à court comme à plus long terme. C'est peu par rapport à la Grande-Bretagne, qui s'est engagée sans réserve aux côtés des Ukrainiens depuis l'annexion de la Crimée en 2014 et dont l'ancien Premier ministre, Boris Johnson, était un habitué de Kiev dès les premiers coups de canon. Mais c'est beaucoup par rapport à la Hongrie, qui s'oppose à l'aide financière conjointe de l'Union européenne à l'Ukraine et plaide pour la fin des sanctions contre la Russie... sans subir les foudres qui s'abattent sur Paris et Berlin. « C'est parce que l'Allemagne et la France, les deux pays leaders de l'Europe, ont une influence bien supérieure à celle de la Hongrie », justifie une députée ukrainienne de passage à Paris, pour expliquer la virulence des critiques à l'encontre de la France. C'est aussi parce que la France, depuis le Brexit, possède la première armée d'Europe, et que le gouvernement ukrainien considère qu'elle pourrait faire plus...

Mais au-delà des positions d'Emmanuel Macron et de son « en même temps » qui s'accorde si mal avec la guerre, surtout quand elle a été déclarée de manière unilatérale et qu'elle s'accompagne de crimes de guerre, c'est la politique ukrainienne de la France dans son ensemble qui fait l'objet de scepticisme. « La France a toujours regardé l'Ukraine à travers le prisme de sa politique russe », résume Tatiana Kastouéva-Jean, la directrice du centre Russie de l'Institut français pour les relations internationales (Ifri). Avec une idée principale : « Ne pas trop énerver Vladimir Poutine. » C'était déjà vrai sous les prédécesseurs d'Emmanuel Macron. Pas plus que Moscou, Paris n'a vu que depuis la décomposition de l'URSS, un nouvel acteur ukrainien à part entière était en train d'émerger dans la région. Pendant la révolution orange, la France n'a pas été en première ligne pour soutenir le mouvement démocratique. À Paris, on a toujours fait attention à ne pas déplaire au Kremlin, dont on a décidé de respecter la « zone d'influence ». Résultat : depuis le début de la guerre, la France est critiquée par les deux parties. « On en a fait trop pour l'Ukraine pour ne pas énerver

Poutine et pas assez pour vraiment aider Kiev », résume la chercheuse de l'Ifri. À ménager les deux parties, Paris risque de perdre sur les deux tableaux. Comme le dit Tatiana Kastouéva-Jean, « il est très difficile de jouer à la Suisse quand on s'appelle la France ».

Chapitre VI

L'échec des réalistes

Les réalistes n'étaient en fait que de faux réalistes. C'était le cas bien avant la guerre, ceux qui revendiquent la modération face à Vladimir Poutine se disent réalistes. Depuis l'invasion du 24 février, ils renvoient souvent dos à dos l'Ukraine et la Russie. Avant la guerre, c'est l'absence de réalisme qui aurait selon eux permis l'extension de l'OTAN à l'est, laquelle aurait « provoqué » le président Vladimir Poutine, qui n'aurait fait que défendre ses intérêts en attaquant l'Ukraine. L'ancien ministre des Affaires étrangères Hubert Védrine pointe ainsi une « responsabilité des Occidentaux ». « Les racines du conflit sont à chercher dans les trente dernières années, et notamment dans l'attitude des Occidentaux après la dissolution de l'URSS en 1992. » Il était alors le secrétaire général de l'Élysée, avant de devenir le chef de la diplomatie française. L'Occident a selon lui commis des « erreurs » et des « maladresses ». « On n'a pas été assez inclusifs avec la Russie au début. On aurait dû l'inclure dans une architecture de sécurité plus globale. Dans les dernières années, on n'a pas été assez dissuasifs et fermes. » « L'arrogance désinvolte » des Occidentaux a selon lui entraîné leurs erreurs d'analyse. Depuis le début de la guerre, c'est encore au nom du « réalisme » qu'il faudrait retenir l'aide à l'Ukraine et ménager une porte de sortie honorable à la Russie. Avant, sans doute, d'inviter à une rapide normalisation des relations quand les combats se seront tus. « J'ai l'impression que c'est un entêtement des deux côtés... Je ne comprends pas pourquoi les Ukrainiens s'obstinent », affirmait, le 30 décembre sur LCI, l'académicienne Hélène Carrère d'Encausse, commentant la bataille de Bakhmout. En 2015, après, donc, l'annexion de la Crimée, elle avait affirmé que Vladimir Poutine resterait dans l'histoire « comme l'homme qui a restauré l'État et la dignité internationale du pays ». Pour mettre sur le même plan l'Ukraine et la Russie, les « réalistes » invoquent la « raison » contre la « passion ». Affirmant que la Russie « ne va pas déménager », que la guerre est « américaine », ils veulent avant tout empêcher l'escalade avec Vladimir Poutine, ménager la Russie. Emmanuel Macron décide toujours seul, affirme son entourage, les initiatives politiques russes de la France. Mais il est conseillé par des représentants de cette école dite « réaliste » qui dénonce « l'hystérisation » du débat sur l'Ukraine. Du moins l'était-il jusqu'à la fin de l'année 2022 car, depuis, un autre conseiller « occulte », Bernard-Henri Lévy, fervent défenseur de l'Ukraine, a ses entrées à l'Élysée.

L'invasion de l'Ukraine, qui n'est qu'un prolongement de l'agression russe de 2014 qui a trop rapidement été mise entre parenthèse, remet en cause le discours de l'école dite des « réalistes » dans les relations internationales. Ce courant de pensée a en effet participé de l'aveuglement occidental sur la nature et les intentions du régime de Vladimir Poutine. Il a contribué, estiment de nombreux spécialistes, à la faillite intellectuelle de l'Occident dans la région, une faillite « bien supérieure », selon eux, à la faute de l'invasion de l'Irak en 2003. « John Mearsheimer aux États-Unis, Hubert Védrine en France ont clamé que les pays occidentaux se concentraient trop sur leurs valeurs et ne défendaient pas assez leur intérêt national et que nous devions apprendre à regarder le monde tel qu'il est et non tel qu'on veut qu'il soit ! Or, leur perception de la Russie était erronée », juge Thibault Muzergues, le directeur du programme Europe du think tank américain International Republican Institute (IRI) dans une tribune pour *Libération* le 23 mars 2022.

Ce sont les « réalistes » qui ont confirmé la certitude présidentielle que la Russie est européenne alors qu'elle compare l'Occident à un « cancer » et se dit attaquée par l'OTAN. Ce sont eux qui ont soutenu l'idée à l'Élysée que l'Occident avait humilié la Russie et que l'élargissement à l'est était une erreur. Ce sont eux encore qui affirment que Vladimir Poutine, qui a commis une « erreur historique » en Ukraine, n'est pas celui qu'il était dans les années 2000 et 2010. « Or, tout était là, dans les actes du Kremlin, les écrits d'Alexandre Douguine, les discours de Vladimir Poutine ou de ses proches », rappelle Thibault Muzergues. « Les "réalistes" ont décidé d'ignorer tous les éléments qui ne correspondaient pas à leur récit pour les faire entrer dans leur vision du monde. L'invasion de la Géorgie en 2008. Le déni du peuple ukrainien à exister, quand Vladimir Poutine dit à George W. Bush en 2004 que l'Ukraine "n'est même pas un pays" ou que son appareil de propagande en 2014 affirme que l'Ukraine du Sud n'est qu'une "Nouvelle Russie" ». « Nous avons ouvert nos portes à la Russie, qui a été réintégrée dans le Conseil de l'Europe sans aucune contrepartie, avec l'idée que le commerce apporterait le changement. Ce fut une parodie de réalisme, qui n'était en fait qu'une capitulation face à un adversaire », explique Thibault Muzergues.

L'école réaliste sur l'Ukraine a trouvé aux États-Unis un relais puissant avec l'ancien secrétaire d'État américain Henry Kissinger et l'ancien conseiller à la sécurité nationale Zbigniew Brzezinski. Avec des accents macroniens, ils affirment que les Occidentaux auraient non seulement « abandonné » la Russie depuis la fin de l'Union soviétique, quand elle se débattait dans des difficultés économiques, mais ils l'auraient aussi « agressée » en étendant l'Alliance atlantique aux anciennes républiques d'URSS devenues indépendantes. En se rapprochant de l'Ukraine, ils auraient ignoré le besoin vital de la Russie, imposé par la géographie, l'histoire et la culture, d'établir autour d'elle une ceinture de sécurité, son « proche étranger », qui la protège des influences perverses de l'Ouest. Dans un discours au Council on Foreign Relations, un think tank américain, Henry Kissinger, à 99 ans, a critiqué la politique américaine après la chute du mur de Berlin, estimant que Washington avait tenté de mettre sous son égide, « sans exception », tous les anciens membres du bloc soviétique, supprimant ainsi la « ceinture de sécurité » historique de la Russie. Il a aussi affirmé que la « tentative d'intégrer l'Ukraine dans l'OTAN n'était pas une politique sage ». Au forum de Davos, en mai 2022, il avait plaidé pour un retour à des négociations entre Moscou et Kiev, estimant que l'Ukraine devait envisager des concessions territoriales à la Russie plutôt que de vouloir reconquérir la Crimée et le Donbass. « Idéalement, la ligne de démarcation devrait être un retour au *statu quo ante*. Poursuivre la guerre au-delà de ce point ne concernerait pas la liberté de l'Ukraine, mais une nouvelle guerre contre la Russie elle-même », avait-il jugé, enjoignant à l'Occident de ne pas se laisser influencer par « l'humeur du moment ». Et puis, brusque changement de cap, à 180 degrés, en janvier 2023 ! Intervenant à distance au même Forum de Davos, il a défendu une politique opposée, défendant pour la première fois l'adhésion de l'Ukraine à l'OTAN. Il a aussi plaidé pour un soutien intensifié et continu à l'Ukraine jusqu'à ce qu'un cessez-le-feu soit possible. Comment le chantre de la « realpolitik » américaine justifie-t-il cette spectaculaire pirouette, qui continue cependant à défendre le dialogue avec la Russie pour lui donner « l'occasion de rejoindre le système international » ? « Avant cette guerre, j'étais opposé à ce que l'Ukraine devienne membre de l'OTAN parce que je craignais que cela ne provoque exactement le processus qu'on voit maintenant... Mais maintenant que ce processus a atteint ce niveau, une Ukraine neutre dans ces conditions n'aurait plus de sens. »

Aujourd'hui le « réalisme », en effet, se heurte à la réalité, aux États-Unis comme en France et en Allemagne. Aucun des « réalistes » de la question russo-ukrainienne n'a senti souffler le vent de la guerre qui s'approchait. Tous ont sous-estimé le durcissement du régime et la volonté de revanche de Vladimir Poutine sur la fin de l'URSS, dont il a fait le cœur de son pouvoir. Tous ont été naïfs et se sont fourvoyés en relativisant la menace russe et en désignant les Américains comme les vrais va-t-en-guerre. Pour Jean-Baptiste Jeangène Vilmer, ils représentent « ce que Raymond Aron appelait le faux réalisme il y a cinquante ans, c'est-à-dire en réalité le cynisme ». Le cynisme de ceux qui, en France, juraient que Vladimir Poutine n'envahirait jamais l'Ukraine. Celui, dit-il, qui « ne tient pas compte des questions morales, alors qu'elles font partie de la réalité ». L'ancien directeur de l'Institut de recherche stratégique de l'École militaire considère qu'un vrai réaliste doit croire au rapport de force et à la dissuasion. « Un vrai réaliste comprendrait que faire pression sur les forces ukrainiennes pour qu'elles acceptent un cessez-le-feu et arrêtent la guerre entraînerait l'effet inverse. Car si Vladimir Poutine gagnait, il ne s'arrêterait pas là. Il utiliserait les négociations pour gagner du temps, regrouper ses forces et accomplir son objectif : faire tomber Zelensky et s'emparer de la totalité du pays… et même aller au-delà. » Même diagnostic de l'ancien ambassadeur à Moscou Michel Duclos dans la revue *Commentaires* n° 179, en automne 2022 : « La perspective d'une conférence sur la sécurité en Europe après la guerre, préconisée par ceux qui plaident qu'il faut tenir compte des préoccupations de sécurité russes, paraît bien peu réaliste. » Bien sûr, reconnaît l'ancien diplomate, il ne faut pas isoler définitivement la Russie. Mais le rapprochement paraît peu probable tant que Vladimir Poutine sera au pouvoir. « Car il veut soit le chaos, soit un ordre "disruptif", soit un nouveau Yalta, cette fois avec la Chine et les États-Unis, mais sans l'Europe… Une des faiblesses des "réalistes" est de croire que les décisions des Occidentaux déterminent à elles seules les orientations de la Russie. » Une de leurs fautes a été de minimiser l'élément idéologique dans les relations internationales, pour ne voir que des rapports entre les monstres froids que seraient les États et considérer la Russie de Poutine comme un État normal, obéissant aux mêmes règles et aux mêmes réflexes que les démocraties occidentales. Alors que l'idéologie, dans le régime poutinien, comme avant lui dans le régime communisme, tient une place prépondérante. Elle explique à la fois que le président russe se soit engagé dans l'aventure ukrainienne alors qu'elle n'était pas dans son intérêt, et que les sanctions n'aient jamais réussi à le faire plier. La même remarque peut d'ailleurs s'appliquer à l'Iran et à son obsession de se doter de la bombe nucléaire, même au prix d'un grand affaiblissement de son économie.

Finalement, ce sont ceux que les réalistes considéraient comme des non-réalistes qui furent de vrais réalistes sur la Russie, car ils avaient compris la nature du régime et anticipé son pouvoir de nuisance sur le continent. « Le réalisme, c'est le contraire de ce que plaident les réalistes », note encore l'ancien ambassadeur à Moscou, Jean-Maurice Ripert. Contrairement aux faux réalistes qui juraient, avant le 24 février, que Vladimir Poutine n'envahirait pas l'Ukraine et qui depuis jurent qu'il n'ira jamais plus loin, les vrais réalistes alertaient sur la menace russe depuis longtemps. Peut-être est-il temps de les écouter : aujourd'hui, ils considèrent qu'une normalisation rapide avec Moscou n'est pas possible tant que le régime de Vladimir Poutine subsistera.

Les multiples coups de volant de la politique française

Les Français pensaient que le problème russe devait être traité par la fermeté et le dialogue stratégique, en tenant compte des intérêts légitimes de Moscou. Cette vision ayant été démentie par les événements, la Russie ayant déployé de plus en plus d'agressivité dans son approche de l'Europe, le Kremlin ayant démontré qu'il n'avait plus aucune inhibition vis-à-vis du recours à la force, soutenu par son statut de puissance nucléaire, Emmanuel Macron a donné plusieurs virages à sa politique russe depuis le début de la guerre. Le premier a accompagné la découverte des crimes de guerre commis à Boutcha au printemps 2022. Elle aurait provoqué chez le président, selon un de ses collaborateurs, un effet de « sidération ». Il considère alors qu'une étape « irréversible » a été franchie sur le plan moral, et les coups de téléphone avec Vladimir Poutine s'espacent. Le deuxième date de son voyage à Kiev, en juin 2022, qui fut l'occasion de fournir un appui énergique à la candidature de l'Ukraine à l'Union européenne, de saluer « l'héroïsme » du peuple ukrainien et de confirmer qu'il désirait la « victoire de l'Ukraine ». Dans la foulée, en août, Paris et Berlin ont fait circuler à Bruxelles un document commun destiné à réassurer leurs voisins. On pouvait y lire des idées fortes et simples, qui avaient tant manqué aux deux pays au début de la guerre. « Face à la guerre d'agression russe, nous devons réorienter nos politiques… Afin de prévenir d'autres agressions, la guerre russe contre l'Ukraine doit tourner à l'échec stratégique. » Le troisième a été incarné par son discours à la tribune des Nations unies, en septembre 2022. Dénonçant « un retour à l'âge des impérialismes et des colonies », le président français a tancé les pays neutres, les exhortant à choisir leur camp. « Ceux qui se taisent aujourd'hui servent, malgré eux, ou secrètement, avec une certaine complicité, la cause d'un nouvel impérialisme, d'un cynisme contemporain qui désagrège notre ordre international sans lequel la paix n'est pas possible. » Ce même mois, trois ans après la conférence qui avait tant choqué les diplomates, celle qui devait lancer le « reset » avec la Russie, son adresse aux ambassadeurs en septembre 2022 s'est faite sur un autre ton. « La guerre en Ukraine constitue une rupture historique, car elle affecte directement notre sécurité, elle a des conséquences mondiales sur l'énergie, l'immigration, l'information », a-t-il dit. Elle se présente comme « une déflagration avec un impact mondial ». Elle fait courir le risque d'une « partition du monde » entre le nord et le sud, alors que la division des Européens « est l'un des buts de guerre de la Russie ». Sous la pression des événements, parfois à son corps défendant, Emmanuel Macron a cessé de demander aux forces armées locales de mettre fin aux combats le plus vite possible et d'espérer que les Ukrainiens acceptent de faire des compromis au nom de la paix. « Nous souhaitons qu'au moment et dans les conditions que les Ukrainiens détermineront, une négociation s'organise de telle manière que cette guerre, qui menace non seulement l'Ukraine, mais aussi la stabilité et la sécurité sur le continent européen, permette d'obtenir un accord qui donne de la visibilité à chacun pour l'avenir », a-t-il dit le 13 octobre 2022. Il a aussi parlé de la Russie comme d'une « puissance impériale coloniale ». De retour de Jordanie en décembre 2022, devant des journalistes, il affirme : « Ce que les Russes demandent depuis le début, c'est la reddition, pas la paix. » Sa ministre des Affaires étrangères, Catherine Colonna, s'est rendue deux fois à Kiev et une fois à Odessa. Le 3 de ce même mois, il était allé encore plus loin dans la compréhension du combat ukrainien en établissant un parallèle avec l'Alsace-Lorraine pendant la Seconde Guerre mondiale. « Est-ce que vous pensez que nous, Français, quand nous avons eu à vivre la prise de l'Alsace et la Lorraine, on aurait aimé en pleine guerre qu'un dirigeant du reste du monde nous dise "vous devez faire ceci ou cela" ? »

Le quatrième, enfin, fut révélé par son discours de la Saint-Sylvestre, le 31 décembre 2022, dans lequel il a assuré que la France aiderait l'Ukraine « sans faillir », « jusqu'à la victoire ». Dans la foulée, il a annoncé la livraison de chars de combat légers AMX, de fabrication française, à Kiev, devenant ainsi le premier pays à fournir des tanks de fabrication occidentale. « Cette livraison visait à contrer l'invasion russe, mais aussi à affirmer un positionnement politique, car celui-ci avait été questionné », explique une source diplomatique. Dans les coulisses, l'Élysée a aussi exercé une pression sans relâche pour convaincre l'Allemagne de livrer des chars lourds Léopard à l'Ukraine, plus faciles à utiliser et disponibles en plus grande quantité que les Leclerc. Ce quatrième coup de volant a été provoqué par le sentiment d'urgence à aider les Ukrainiens avant que les Russes ne « passent à l'offensive à la fin de l'hiver » avec, potentiellement, près d'un million d'hommes sur le terrain. « C'est cette certitude, affirme une source diplomatique, qui justifie qu'on donne plus d'armes aux Ukrainiens. » Le changement a été confirmé pendant la conférence sur la sécurité de Munich, en février 2023. Dans son discours, Emmanuel Macron s'est départi de toutes ses ambiguïtés, affirmant que la France souhaitait une victoire de l'Ukraine et une défaite de la Russie. C'est la nouveauté de ce début d'année 2023 : les Français ont compris que le conflit russo-ukrainien n'est pas seulement une guerre entre la Russie et l'Ukraine, mais qu'il engage l'avenir des démocraties, du droit international et de la stabilité à long terme dans toute la région. Car une victoire de la Russie en serait une aussi pour les autocraties et les dictatures, au premier rang desquelles figurent la Chine et l'Iran, qui ont, eux aussi, les yeux rivés sur la guerre. Elle serait, à l'inverse, une défaite pour l'Occident et pour ses valeurs, à une période où il est déjà en phase de rétractation dans le monde, contesté au Moyen-Orient, en Afrique et même en Asie. Face à l'obstination impériale russe, ceux des Occidentaux qui étaient tentés par un retour au *business as usual* comprennent qu'il ne s'agissait que d'un vœu pieux et d'une illusion. Ils pensent aussi, et c'est nouveau, qu'une défaite de l'Ukraine aurait des conséquences trop lourdes pour l'Europe et le monde. Il ne s'agit plus désormais d'aider l'Ukraine à se défendre pour lui permettre de mener des négociations dans les meilleures conditions, mais d'épauler du mieux possible les Ukrainiens en leur fournissant des armes plus puissantes avec lesquelles ils pourront récupérer leurs territoires et refouler l'armée russe avant qu'elle ne se reconstitue. Et comme la Russie ne déménagera pas, mais qu'elle constituera sans doute une menace à long terme, y compris nucléaire, pour ses voisins et pour la région, une réflexion commence à être menée sur la meilleure manière de l'endiguer. Certains anciens responsables français, qui étaient jusque-là restés dans l'ambiguïté, ont eux aussi infléchi leurs positions au bout d'un an de guerre. C'est le cas de l'ancien Premier ministre Dominique de Villepin, qui après avoir été un partisan de l'apaisement, a affirmé en février 2023 qu'il fallait

« permettre à l'Ukraine de regagner ses territoires et de récupérer sa souveraineté ». « Zelensky, dit-il désormais, incarne la résistance d'un peuple. Geler la situation sur le terrain, ça va très bien à Poutine. L'Ukraine doit reprendre l'initiative. En droit international, elle est tout à fait fondée à frapper des cibles en Russie. »

Le revirement français s'est fait parallèlement à un accroissement de l'aide américaine. Il a aussi été accompagné d'un changement en Allemagne, où on a assisté en quelques mois au renversement total de la politique d'Angela Merkel, qui consistait à garantir la paix et la liberté par des traités conclus avec des despotes et une stratégie fondée sur le commerce qui s'est avérée être un désastre et une erreur d'analyse majeure. La renonciation au gazoduc NordStream 2 a fait l'effet d'une tornade à Berlin. « Nous nous accrochions à des ponts auxquels la Russie ne croyait plus et contre lesquels nos partenaires nous avaient mis en garde. Nous tablions sur le fait que Vladimir Poutine n'accepterait pas la ruine économique, politique et morale de son pays pour sa folie impériale », a reconnu l'ancien ministre des Affaires étrangères Frank-Walter Steinmeier. Le feu vert donné à la livraison des chars lourds Léopard, allemands et européens, en a été une autre. La guerre a fait éclater la bulle dans laquelle l'Allemagne vivait confortablement, politiquement et économiquement, depuis les années 1990.

Ces clarifications suffiront-elles à éteindre le dénigrement systématique dont la France et l'Allemagne font l'objet à l'est et au nord de l'Europe, dès qu'il s'agit de la politique russe ? Rien n'est moins sûr, car elles arrivent bien tard. « Il semble avoir appris la leçon et tiré les conséquences et je me félicite de ce changement de cap », disait en octobre 2022 l'ancien Premier ministre libéral danois Anders Fogh Rasmussen dans *Le Point*. Mais il affirmait aussi : « Emmanuel Macron nous a étonnés dès le début de la crise par une déclaration pour le moins singulière et critique selon laquelle il ne fallait pas humilier Vladimir Poutine et lui offrir une rampe de sortie. Ses propos ont été désastreux et profondément nocifs. Emmanuel Macron a nui à l'Ukraine et l'a affaiblie. » Malgré une plus grande clarté dans ses propos, Emmanuel Macron n'a pas rompu avec l'ambiguïté de sa politique russe. Il continue à être réservé sur une entrée de l'Ukraine dans l'OTAN. « Ce n'est pas le scénario le plus vraisemblable », disait-il fin 2022, en expliquant que ce serait perçu par la Russie comme « quelque chose de confrontationnel ». En Allemagne, la déflagration ukrainienne, qui a fait sauter les piliers de la politique étrangère, a fait naître un débat et une réflexion. Mais cette remise en question n'a pas encore eu lieu en France, où aucun parti politique ne se résout à un examen critique de la politique russe. Emmanuel Macron défend toujours sa position de « médiateur » entre les deux parties. « Que tous les Européens et les Occidentaux qui me donnent des leçons de morale m'expliquent avec qui ils se mettront autour de la table. Moi, je n'ai pas envie que ce soient les Chinois et les Turcs seuls qui négocient le jour d'après », dit-il. Et en janvier 2023, alors qu'était pris le tournant de la livraison des chars, l'ambiguïté sur la définition de ce que constituerait une victoire ukrainienne persistait, avec l'impossibilité des conseillers de l'Élysée d'évoquer noir sur blanc les frontières de 1991, de même que les réticences à soutenir une entrée de l'Ukraine dans l'OTAN. « La Crimée ? On verra comment la guerre va évoluer. Il faut éviter le pire à l'échelle du continent européen. Il faut une solution négociée à ce conflit », commente un diplomate. La Crimée a toujours fait l'objet d'un statut particulier au Kremlin. Les Français redoutent que Vladimir Poutine soit prêt à tout, y compris au pire, pour la défendre. Ils ont en tête les propos tenus à Emmanuel Macron par Vladimir Poutine le 7 février 2022, deux semaines avant la guerre, quand il avait tenté sa médiation. « Voulez-vous que la France soit en guerre contre la Russie ? C'est ce qui va se passer. Comprenez-vous ou pas que si l'Ukraine entre dans l'OTAN et qu'elle veut récupérer la Crimée par des moyens militaires, les pays européens seront automatiquement entraînés dans un conflit militaire avec la Russie ? Il n'y aura pas de vainqueurs et vous vous retrouverez engagés dans un conflit contre votre volonté. » À Paris, la Crimée est considérée comme une ligne orange. « Encore une fois, nous soutenons l'Ukraine, mais la Crimée est hors de portée de l'armée ukrainienne, le différentiel démographique entre les deux pays est trop important pour que Kiev récupère l'intégralité de ses territoires. Par ailleurs, nous ne faisons pas la guerre à la Russie, poursuivait une source à l'Élysée en février 2023. Tout doit découler de ce principe. Nous ne voulons pas que la tête de Vladimir Poutine roule. Nous sommes d'ailleurs, sur ce sujet, en accord avec Joe Biden. » Cette ambiguïté soulève une question : le revirement français résistera-t-il à un éventuel recul ukrainien sur le terrain ? Le doute a été renforcé par les propos tenus au *Figaro*, à France Inter et au *JDD* par le président dans l'avion qui le ramenait de Munich, qui ont relativisé la clarté avec laquelle il s'était exprimé devant les alliés dans la capitale bavaroise. Ces propos ont rappelé que les fondamentaux du président français n'ont pas changé. « Je veux la défaite de la Russie en Ukraine et je veux que l'Ukraine puisse défendre sa position, mais je suis convaincu qu'à la fin ça ne se conclura pas militairement. Je ne pense pas, comme certains, qu'il faut défaire la Russie totalement, l'attaquer sur son sol. [Certains pays de l'Est] veulent avant tout écraser la Russie. Cela n'a jamais été la position de la France et cela ne le sera jamais », dit-il. Il considère toujours qu'à la fin, il faudra négocier et que le plus tôt sera le mieux, car les Européens seraient les principaux perdants d'un conflit sans fin. Une paix est-elle possible avec Vladimir Poutine, qui n'a jamais respecté sa parole et dont les forces ont commis des crimes abominables en Ukraine ? Pour Emmanuel Macron, il n'y a aucune solution idéale. « Pensons-nous sincèrement qu'une solution démocratique émergera de la société civile russe présente sur place après ces années de durcissement et en plein conflit ? Je le souhaite vivement, mais je n'y crois pas vraiment. Et toutes les options autres que Vladimir Poutine me paraissent pires. » Commentaire d'un diplomate ukrainien : « Ce genre de propos annule tous les efforts faits par la France pour rétablir son image. » Pourtant, dans le même temps, Emmanuel Macron a encore augmenté son aide à l'Ukraine et promis que la France serait à ses côtés jusqu'au bout. Mais pour beaucoup, le mal est fait. « Malheureusement, il est trop tard. Le président s'est tellement déconsidéré auprès de ses partenaires européens et ukrainiens depuis le début de la guerre que les dégâts ne sont plus réparables », regrette un responsable politique pourtant proche d'Emmanuel Macron.

Les critiques de l'Est

À la faveur de la guerre russe en Ukraine en effet, Emmanuel Macron s'est mis une grande partie de l'Europe à dos. La politique d'« équilibre » et de « médiation » comme les appels téléphoniques du président français à Vladimir Poutine ont provoqué une avalanche de critiques dans les pays d'Europe centrale et orientale, considérés à Paris comme des « va-t-en guerre ». Elle n'est jamais vraiment retombée. À Kiev, à Varsovie ou à Riga, Emmanuel Macron a donné l'impression qu'il voulait avant tout éviter l'escalade avec Moscou. En quelques mois, le *french bashing* comme le *german bashing* sont devenus la règle dans les conférences internationales organisées dans les capitales de l'est. À celle de Tallinn, la Leenart Meri, en juin 2022, le politologue russe Andreï Piontkovsky dénonce ce qu'il considère comme une « collusion » de la part de Paris et Berlin. « Ils ont peur d'une victoire de l'Ukraine, car elle changerait la structure géopolitique de l'Europe et remettrait en cause la situation privilégiée de la France et de l'Allemagne. » L'ancien diplomate suédois Anders Aslund considère quant à lui que l'Allemagne et la France sont devenues des « pays dissidents », avec d'ailleurs l'Italie. Même ambiance à Tbilissi, en Géorgie, trois mois plus tard. « Certains leaders, notamment en France et en Allemagne, veulent un accord avec Vladimir Poutine, car ils pensent qu'il peut rester au pouvoir. Mais dire que l'Ukraine doit gagner, c'est aussi dire que la Russie doit perdre », plaidait Linas Linkevicius, le ministre des Affaires étrangères lituanien. « Emmanuel Macron essaie-t-il de faire un cadeau territorial à Vladimir Poutine encore plus gros que celui de Sarkozy avec les terres géorgiennes ? » s'interroge l'ancien champion du monde Garry Kasparov. Sans surprise, c'est la phrase sur la nécessité de ne pas « humilier » la Russie qui a été la plus mal perçue par les partenaires de la France. « C'est comme si quelqu'un avait dit à la France : n'humiliez pas le Kaiser, au milieu de la bataille de Verdun », résume un diplomate.

La (trop ?) longue patience d'Emmanuel Macron et ses positions hétérodoxes sur l'OTAN ont entamé le crédit de la France auprès des Européens de l'Est et du Nord. L'Allemagne, qui a considéré pendant longtemps que la valeur la plus importante était le prix peu élevé du gaz, et non celui du sang versé par les Ukrainiens, subit la même décote que la France. Un nouveau rideau de fer sépare, cette fois de manière virtuelle, la jeune et la vieille Europe. Avec d'un côté ceux qui croient que le dialogue finira par faire taire les armes, mené par Paris et Berlin avec leurs alliés espagnols ou grecs, italiens avant l'arrivée de Giorgia Meloni au pouvoir. Et de l'autre ceux qui considèrent que le seul moyen de régler le problème russe et d'assurer la sécurité de l'Europe est de vaincre la Russie. Il est mené par la Pologne et les pays baltes. « L'Ukraine est le bouclier de l'Europe. Elle défend ses valeurs. Si la Russie n'est pas arrêtée, elle ira jusqu'à Varsovie ou jusqu'aux pays baltes. Cette ligne pense qu'il est plus facile de battre les Russes aujourd'hui en Ukraine que plus tard, le jour où la Russie sera en conflit avec un pays de l'OTAN. Or, la France a aidé nos ennemis et l'Allemagne a été une alliée de la Russie », déclarait, en juin 2022 à la conférence Lennart Meri de Tallinn, le ministre de la

Défense ukrainien d'alors, Vasyl Lozinski. Tous ont la même crainte, que Vladimir Poutine profite d'un cessez-le-feu pour renforcer son armée et organiser de nouvelles attaques, contre l'Ukraine ou ses autres voisins. « Il n'y a aucun scénario de retour au *business as usual*, qui est une tentation de la France et de l'Allemagne », prévient David Stulik, chercheur au Center for Security Policies de la République tchèque.

Ces pays considèrent non seulement qu'une victoire militaire est à la portée de l'Ukraine depuis ses contre-offensives victorieuses, si l'aide internationale se poursuit. Mais ils estiment aussi que leur voix devrait être davantage écoutée que celles de la France et de l'Allemagne sur le dossier russe. « L'Europe ne s'est pas trompée, c'est l'Allemagne et la France qui se sont trompées », résume Thomas Kleine-Brockhoff, le vice-président du German Marshall Fund (GMF), dans une conférence. Mateusz Morawiecki, le Premier ministre polonais, en veut à la France et à l'Allemagne, qui plutôt que d'écouter leur voix, « se sont laissés séduire par Vladimir Poutine », écrit-il dans une tribune au *Monde* le 6 avril 2022. « Personne n'a négocié avec Hitler », a-t-il affirmé. « Si toute l'Europe avait suivi le vote allemand, non seulement Nordstream 1, mais aussi NS2 auraient été lancés bien avant la guerre. La dépendance de l'Europe au gaz russe serait irréversible. Si toute l'Europe avait fourni des armes à l'Ukraine à la même échelle et au même rythme que l'Allemagne, la guerre aurait pris fin depuis longtemps et cela aurait été une victoire absolue pour la Russie. Quant à l'Europe, elle se serait retrouvée à la veille d'une autre guerre, dans la mesure où la Russie, encouragée par la faiblesse de ses adversaires, elle, aurait continué à avancer. »

Et peu importe qu'au sein de l'Union européenne, la Hongrie de Viktor Orban ait été bien plus favorable au régime de Poutine, qu'elle a continué à soutenir après l'invasion. « La France est devenue un cheval de Troie de la Russie dans l'Union européenne plus important que la Hongrie parce qu'elle a davantage d'influence », explique Garry Kasparov.

Le ressentiment des « pays de l'Est » est d'autant plus fort que contrairement à Paris et Berlin qui ont toujours cru à la possibilité d'un « reset » avec la Russie et dans son rapprochement avec l'Union européenne, ils n'ont cessé de sonner l'alarme contre le régime agressif de Vladimir Poutine, son nationalisme, son impérialisme. « Je vous l'avais dit ! » répète à l'envi Kaja Kallas, la Première ministre estonienne. Bien avant l'invasion du 24 février, les pays baltes et la Pologne, qui pendant la guerre froide ont souffert du projet impérial soviétique, ont tenté de prévenir le monde. En 1993, quand le conseiller du Kremlin d'alors, Sergueï Karaganov, a affirmé que la Russie devait utiliser la force militaire pour protéger les russophones dans les pays baltes, ils avaient déjà tiré la sonnette d'alarme. Lorsqu'en 2008, Vladimir Poutine a prévenu que l'Ukraine serait « détruite » si elle entrait dans l'OTAN, les pays baltes ont pris la menace au sérieux. Ils ont encore alerté en vain en 2009 lorsque l'exercice militaire russe « zapad » a pris pour scénario l'invasion et l'occupation des États baltes. Mais le monde occidental n'a pas entendu. Il a poussé pour le retour du *business as usual*. En 2008 (Géorgie) et en 2014 (Crimée), les mises en garde des anciens pays de l'Est avaient été écartées par la France, l'Allemagne et l'Italie. « Chaque fois, nos partenaires européens nous disaient que, d'accord, il s'agissait d'une violation du droit international, mais ils se refusaient à suspendre le commerce et les projets avec la Russie », rappelle Ingrida Simonyte, Première ministre de Lituanie, dans une interview au *Monde* le 6 juillet 2022. « Certaines personnes, poursuit-elle, croient hélas encore que l'on peut changer la façon dont la Russie se comporte en lui parlant gentiment, en la traitant comme si elle était des nôtres. Mais la Russie a cessé d'être un pays que l'on peut traiter normalement. Nous avons eu beaucoup de mal à expliquer que cette aspiration impérialiste de restauration des possessions soviétiques n'avait pas disparu derrière le paravent des relations économiques. De manière générale, l'Occident pensait qu'il pourrait faire entrer n'importe qui dans sa civilisation par la seule grâce de la prospérité et du commerce. Pendant longtemps, on se disait qu'à force de s'enrichir, les Russes finiraient par demander des libertés. Malheureusement, c'est l'inverse qui s'est produit. »

La Première ministre finlandaise Sanna Marin, dont le pays est sorti de la neutralité grâce à l'agression russe, a reconnu les erreurs. « Je veux ouvertement admettre que nous aurions pu écouter plus nos amis baltes quand ils parlaient de la Russie depuis plusieurs décennies. » Mais ni la France ni l'Allemagne n'ont prononcé les mêmes mots et reconnu qu'elles s'étaient trompées. Quel gâchis, pensent les pays de l'Est. « Tout cela aurait pu être évité si le vieil Occident avait utilisé une fraction de son soutien diplomatique, économique et militaire pour soutenir l'Ukraine avant le 24 février… Ce n'était pas une catastrophe aléatoire, ni un désastre naturel. C'était le résultat logique de la trajectoire de la Russie depuis les années 1990. Les Baltes ont prévenu l'Europe et l'Occident et personne n'a écouté », regrette Edward

Lucas, écrivain et chercheur au Centre d'analyse des politiques européennes, dans une tribune au *Wall Street Journal*. Le géo-économiste Daniel Foubert le résume ainsi sur Twitter : « Quand votre vision de la Russie a été élaborée par Tolstoï et Tchaïkovsky, vous ne comprenez que ce que le nationalisme russe veut que vous compreniez. Quand votre vision a été élaborée par Adam Mickiewicz (poète et écrivain polonais) et Frédéric Chopin (compositeur franco-polonais), vous comprenez ce que le nationalisme russe voulait le plus détruire. »

Le trouble est d'autant plus tenace que la France a, vis-à-vis de ces pays orientaux, un passif qui n'a jamais été oublié. La petite phrase de Jacques Chirac, lancée en direction des pays de l'Est pour critiquer leur soutien à l'intervention américaine en Irak en 2003 – « Ils auraient mieux fait de se taire » –, est toujours présente dans les mémoires. Même si la France a eu raison de s'opposer à la guerre en Irak, ces pays n'ont guère apprécié d'être relégués par le leadership français au rang d'arrière-pays qui devait montrer obéissance et respect. La méfiance et l'incompréhension vis-à-vis des pays de l'Est existait déjà sous François Mitterrand, qui redoutait l'éclatement de l'URSS après la chute du mur de Berlin. Quand le parlement lituanien avait déclaré l'indépendance en mars 1990, voilà comment il avait commenté les événements : « Les Lituaniens vont tout faire rater. Ils n'ont presque jamais été indépendants. Et quand ils l'ont été, c'était sous une dictature. Je comprendrai si Gorbatchev est obligé de réagir par la force. » Et encore : « Ce Landsbergis est un fou. La Lituanie n'a aucune réalité. C'est la fin des rêves indépendantistes. Vous allez voir, tout le monde à l'Ouest va grogner, mais personne ne bougera le petit doigt pour défendre ces peuples. » De quoi laisser des traces dans cette partie de l'Europe. Comme si les présidents français n'avaient jamais intégré le centre est du continent dans leurs stratégies nationales. Alors que Paris a été relativement absent dans le processus de rapprochement de l'Europe et de reconstruction identitaire après 1989, les Américains, eux, ont beaucoup investi, considérant l'est de l'Europe comme un partenaire. Quand la France s'accrochait encore aux ruines du communisme, Bill Clinton recevait à la Maison Blanche les grands dissidents européens : Vaclav Havel, Adam Michnik ou Lennart Meri.

Depuis le premier mandat d'Emmanuel Macron, sa relation avec les pays de l'Est est placée sous le signe de l'incompréhension, voire d'une tension permanente. La France est présentée à l'Est comme un partisan de l'accommodement avec la Russie, désignée comme une puissance méprisante vis-à-vis des États longtemps occupés ou dominés par la Russie tsariste puis par l'URSS. Les capitales orientales lui reprochent sa politique russe d'inspiration gaulliste, sa manière de promouvoir un dialogue bilatéral entre membres permanents du conseil de sécurité de l'ONU. Ils n'ont guère aimé la formule macroniste sur « la mort cérébrale de l'OTAN » en novembre 2019, la jugeant naïve ou dangereuse au moment où la Russie déployait des troupes en Syrie et en Afrique. « La mort cérébrale est une réalité perçue principalement par la France, pas par les autres. La mise en question de la direction de l'OTAN était légitime. Mais le problème, c'est que ce commentaire venait de Paris, alors que le malaise entre la France et l'OTAN dominée par les Américains remonte à plusieurs décennies », commente le chercheur roumain

Radu Albu-Comanescu dans le magazine *Visegrad Insight*. Trois ans après, les alliés évoquent encore cet épisode qui les avait braqués. « Il avait mis la France en difficulté à l'OTAN pendant un an ou deux. Mais le président n'a jamais corrigé le tir, il n'a fait aucune correction de trajectoire », regrette un diplomate proche du dossier.

Plus généralement, ces États considèrent que la France, en tant que pays leader de l'Europe, porte la responsabilité d'une politique européenne perçue comme privilégiant le centre de gravité occidental historique de l'Europe, au détriment des États membres du grand élargissement de 2004. Paris, selon eux, ne tient jamais compte des intérêts de l'Est. « Un petit quelque chose mal défini affecte globalement la perception politique de la France sur les droits de l'ancienne Europe communiste à des choix souverains », poursuit Radu Albu-Comanescu. Il dénonce « le penchant de la France pour un partenariat avec la Russie, le mépris du flanc oriental de l'OTAN et l'attente que les autres réduisent leurs intérêts souverains d'une manière compatible avec les desseins de la France ». « Paris a offert au Kremlin un sentiment d'importance qui a aidé Vladimir Poutine dans la projection globale de la puissance russe. L'approche généreuse de la France à l'égard de la Russie a intégré le récit politique du Kremlin à tel point que la pertinence et le discernement de l'Élysée ont été remis en question. » Ironie de la politique, Emmanuel Macron reproche aux pays du Sud, qui dans leur grande majorité ont refusé de condamner l'agression russe contre l'Ukraine et d'appliquer des sanctions, ce que les autres Européens lui reprochent : d'être trop faible avec la Russie… Allez comprendre !

Deuxième partie

Un passé qui explique le présent

Chapitre VII

France-Russie : les racines historiques d'une amitié

Un soir de septembre, dans le couloir d'une chaîne de télévision, quelques jours après qu'une petite phrase d'Emmanuel Macron a à nouveau secoué les Orientaux de la France, je demande à un ami journaliste suisse basé en France : « Richard, je ne comprends pas pourquoi il ne comprend pas ! » Réponse : « Mais Isabelle, il ne comprend pas parce qu'il est français ! » Le mal, en effet, est antérieur à Emmanuel Macron. La relation particulière entre la Russie et la France explique en partie la cécité intellectuelle manifestée sur le sujet par les élites de ce pays depuis de longues années. Elle dit pourquoi, par exemple, l'une des grandes spécialistes de la Russie, l'académicienne Hélène Carrère d'Encausse, déclare au *JDD* le 28 décembre 2014 : « Vladimir Poutine n'est pas idiot : il n'est nullement question, à ses yeux, de s'emparer de la moitié de l'Ukraine, qu'en ferait-il ? » Puis, au *Point* le 8 février 2022 : « Vladimir Poutine n'a pas l'intention d'envahir l'Ukraine, car la Russie y perdrait beaucoup. Vladimir Poutine n'est pas un imbécile ou un ignorant des conditions de la vie internationale. » C'est un fait typiquement français : à l'élection présidentielle de 2022, plus de la moitié des électeurs ont donné leur voix à des partis préconisant, plus ou moins ouvertement, la sortie de l'OTAN et un renversement d'alliance au profit de la Russie. Le vote de la communauté française de Russie en dit beaucoup sur l'opinion des expatriés : au premier tour, ils ont placé Éric Zemmour en tête. Au deuxième, Marine Le Pen l'a emporté avec une majorité écrasante.

La complaisance particulière dont la Russie fait l'objet en France, ce rêve romantique d'une grande alliance entre Paris et Moscou, dans un pays qui a toujours projeté sur la Russie ses passions et ses affects en écartant la réalité, a des racines qui plongent loin dans le passé. La passion russe des élites françaises commence avec l'impératrice Catherine II, au XVIIIe siècle. L'attirance de la jeune tsariste pour les Lumières comme ses tentatives de réformer la Russie attirent les écrivains et les philosophes français. Voltaire entretiendra une correspondance passionnée avec elle, louant ses qualités d'autocrate éclairée et sa modernité, alors qu'elle s'apprête à envahir la Pologne, avant d'occuper – déjà – la Crimée. Lui aussi fasciné par la Grande Catherine, Diderot effectuera un voyage en 1773 pour lui offrir des conseils politiques, dont elle n'avait guère d'ailleurs besoin... À cette époque déjà, les élites françaises nourrissent des illusions sur l'européanisation de la Russie, qui semble regarder vers l'ouest depuis ses palais impériaux de Saint-Pétersbourg. Peu d'intellectuels auront une vision clairvoyante. Le diplomate Talleyrand fut l'un d'eux. « La Russie n'a jamais été fiable », résume-t-il dans ses Mémoires.

Au XIXe siècle, pendant la guerre de Crimée, la France et la Russie sont face à face. La Russie est redevenue une menace : il fallait contenir sa marche vers l'ouest. Nouveau changement après la défaite contre la Prusse en 1870. Battue à Sedan, la France de la IIIe République choisit « l'alliance de revers » avec la Russie tsariste pour contrer la puissance croissante de l'Allemagne et rompre son isolement diplomatique. En 1896, le tsar russe Nicolas II et la tsarine Alexandra arrivent à Paris en visite impériale, sous la présidence de Félix Faure. Un décret annonce la construction du pont Alexandre-III sur la Seine. En se quittant quatre jours plus tard, le tsar et Félix Faure se donnent l'accolade. Nicolas, ému, demande : « C'est pour toujours, n'est-ce pas ? » Félix Faure lui répond : « Oui, Sire, pour toujours ! »

Ensemble, la France, la Russie et le Royaume-Uni formeront la Triple Entente, une alliance militaire qui s'opposera, avant 1914, à la Triple Alliance formée par l'Allemagne, l'Autriche-Hongrie et l'Italie. En 1917, la France perd son allié tsariste, emporté par les sangs noirs de la révolution bolchevique. Mais le concept d'« alliance de revers » subsiste. La Russie est considérée comme un contrepoids majeur, qui justifie l'investissement dans une « alliance de contournement ». En 1935, le président du Conseil des ministres Pierre Laval adopte, avec Joseph Staline, un traité d'assistance mutuelle. À l'époque soviétique, les intellectuels communistes français se pressent à Moscou pour louer la révolution prolétarienne. L'agression allemande contre l'Union soviétique, en juin 1941, unit à nouveau dans le même camp la France libre et l'URSS. La nécessité de vaincre Hitler, avec l'aide de Staline, remet en selle l'alliance de revers et précipite dans les oubliettes le pacte germano-soviétique Ribbentrop-Molotov. Ce nouveau rapprochement débouchera sur l'envoi d'un escadron de la France libre aux côtés de l'URSS pendant la Seconde Guerre mondiale, le fameux régiment de chasse Normandie-Niémen. La France et l'Union soviétique signent un traité d'alliance franco-soviétique à Moscou, le 10 décembre 1944. Après 1945, la France se trouve dans le camp occidental face au bloc communiste dirigé par l'URSS.

À la fin des années 1970, de nombreux Occidentaux estimaient qu'au nom d'une amélioration des relations avec l'URSS, il fallait se résigner à la division de l'Europe, même si cela signifiait un abandon des populations de l'Est à leur triste sort. « Beaucoup, les Français surtout, trouvaient leur compte dans ce monde "bipolaire" qui préservait la division de l'Allemagne, tandis que la compétition entre les deux superpuissances leur donnait un sentiment d'importance auquel leur poids réel dans les relations internationales ne leur permettait pas de répondre », écrit la spécialiste de la Russie François Thom dans *La Marche à rebours*. Imprégné de la tradition russophile de la France, François Mitterrand verra plus tard dans l'arrivée au pouvoir de Gorbatchev la possibilité que naisse enfin en URSS un « socialisme à visage humain », qui pourrait réconcilier le socialisme et la liberté. « L'hégémonisme américain est une autre raison, en 1985, de retrouver, à l'est de l'Europe, un contrepoids, un partenaire fréquentable, fort et équilibrant », écrit l'ancien ministre des Affaires étrangères Hubert Védrine (*Les Mondes de François Mitterrand*, Fayard, 1996).

Mais sur le fond, les Français voient d'un mauvais œil l'éclatement de l'URSS. Ils redoutent le chaos et le désordre qui pourraient s'ensuivre. « Pour des raisons géopolitiques et idéologiques, les Français furent les plus réticents à accepter la disparition du statu quo de l'après-guerre. Ils avaient peur que la France perde sa position dominante dans le couple franco-allemand et que le naufrage de l'utopie socialiste à l'est ne porte un coup mortel à la gauche européenne », explique la spécialiste Françoise Thom. La myopie des élites françaises vis-à-vis du régime de Vladimir Poutine s'explique aussi parce que les élites françaises n'ont retenu du XXe siècle qu'un seul totalitarisme, le nazisme, laissant s'échapper le totalitarisme soviétique. En 1997, *Le Livre noir du communisme*, publié sous la direction de l'historien Stéphane Courtois, avait été critiqué par une partie de la gauche française. De même que le sont encore aujourd'hui ceux qui dressent une équivalence entre le nombre de morts du nazisme et celui du soviétisme. L'historienne Françoise Thom poursuit : « Finalement, au bilan, la France ne fut vraiment l'alliée traditionnelle de la Russie que brièvement et face à l'Allemagne. Mais tout se passe comme si aujourd'hui encore et malgré les longues périodes de méfiance et d'hostilité, la France recherchait dans la Russie l'alliance de revers contre l'Allemagne. Plusieurs fois dans notre histoire, cette obsession de l'alliance de revers a conduit les dirigeants français à fermer les yeux sur les tendances profondes à l'œuvre dans ce partenaire, d'ailleurs enclin à la dissimulation, avec des conséquences graves pour notre pays », écrivait-elle déjà en 2004, dans un article pour Diploweb.

L'Empire, toujours

La France préfère les empires. Elle a toujours été fascinée par les grands États et agacée par les « petites nations ». Depuis la Révolution française, l'idéologie jacobine est un élément fondamental de la politique étrangère française, à gauche comme à droite. Elle pousse Paris à envisager avec la plus grande méfiance les identités nationales, auxquelles la France préfère les grands ensembles politiques. Ainsi a-t-elle fait tout ce qui était en son pouvoir, au début des années 1990, pour préserver la fédération yougoslave. Et face à la sécession balte après la chute du Mur, elle a apporté son soutien à Gorbatchev. Le vieux fonds idéologique jacobin et marxiste de l'intelligentsia française, qui ne l'a jamais renié, reste essentiel pour comprendre l'indulgence dont la classe politique fait preuve à l'égard de la Russie de Poutine et de ses méthodes de gouvernement volontiers néo-soviétiques. La France a souvent fait preuve d'une paresse, voire d'une indifférence et d'un mépris vis-à-vis des voisins de la Russie, restant dans une logique de puissance et d'impérialisme. « En France, on a totalement intégré l'historiographie russe et soviétique. On ne s'est pas intéressé aux régions qui formaient l'URSS. Alors que l'Ukraine a toujours essayé de s'émanciper », explique la spécialiste Alexandra Goujon (émission *L'Esprit public*, octobre 2022). Elle poursuit : « La cécité de l'Occident et de la France vis-à-vis de la personnalité de l'Ukraine s'explique par le fait que nous avons toujours été fascinés par les rapports de force. » Après 1991, l'Ukraine est restée un impensé dans les élites politiques françaises, qui n'ont pas quitté leurs lunettes russes. Aujourd'hui encore, la vision des élites dirigeantes vis-à-vis de la Russie est davantage focalisée sur la grande littérature et l'art classique, Pouchkine, Tolstoï, Dostoïevski et les ballets du Bolchoï, sur la musique de Tchaïkovski et de Prokofiev, sur les images d'Épinal des étendues glaciales de la taïga ainsi que sur l'histoire des deux siècles qui ont précédé la révolution de 1917, plutôt que sur le communisme et le poutinisme. « Au prétexte que Pouchkine et Dostoïevski étaient des génies, on devrait fermer les yeux sur les comportements amoraux et les criminels car c'est ça, l'âme russe ! » s'insurge Iegor Gran, le fils du dissident soviétique Andreï Siniavski. Les références systématiques des élites françaises à la culture russe agacent le président du Parlement ukrainien Ruslan Stefanchuk. « Moi j'ai grandi en URSS avec Tolstoï et Dostoïevski. Mais en Ukraine ils ne nous bombardent pas avec des bouquins de Pouchkine et de Dostoïevski mais avec des missiles ! Les effets de la littérature et de la culture russes ont peut-être expiré. Car les barbares que nous voyons à l'œuvre en Ukraine, ceux qui volent nos toilettes et nos machines à laver, ceux qui tuent et torturent nos civils, kidnappent nos enfants, n'ont visiblement jamais lu Tolstoï et Dostoïevski ! La propagande de Vladimir Soloviev (le propagandiste de la télévision d'État) a pris tout l'espace et a repoussé l'effet de Tolstoï, Dostoïevski et Lermontov[1] », affirme-t-il. En Occident et particulièrement en France, nombreux sont ceux qui ont longtemps considéré que la reconstitution de l'Empire moscovite n'était pas une mauvaise chose, que la poigne poutinienne apporterait un peu d'ordre à des États ratés incapables de se gouverner eux-mêmes, qu'elle sortirait la Russie de l'anarchie post-communiste. Le mirage de l'alliance de revers, un rêve jamais abandonné par une partie de l'élite française, a poussé les dirigeants à ignorer les évolutions inquiétantes de la Russie. La France partage également

1. Entretien avec l'auteur.

avec la Russie une fascination pour les hommes forts. Ceux qui tiennent leur pays, matent les rébellions, font régner l'ordre, enrayent le chaos, donnent au pouvoir une voix unique.

Vladimir Poutine, le défenseur de la chrétienté et de la pureté

Quand faisaient rage les débats sur le mariage gay, les participants à la Manif pour tous, ceux qui s'y opposaient, ont souvent fait halte dans le XVIe arrondissement de Paris, devant l'ambassade de Russie. On pouvait entendre de loin leurs slogans : « Poutine, aide nous ! Poutine, aide nous ! » Pendant cette période, une partie des catholiques français se sont réfugiés dans le discours du Kremlin, qui présentait la Russie comme le dernier rempart des valeurs chrétiennes, fustigeant la « décadence » de l'Occident, la « destruction de la civilisation » qu'engendrerait le mariage pour tous, sa soumission au communautarisme musulman et aux immigrés. Si l'offensive idéologique du Kremlin en France a si bien fonctionné, en tout cas avant la guerre, c'est parce qu'elle répondait à des obsessions françaises : le culte du chef, l'anti-américanisme, la nostalgie gaulliste… Mais aussi parce qu'elle incarne, aux yeux d'une partie de la droite, des valeurs marginalisées par la « révolution » de Mai 68 : la famille, l'autorité, la religion… Le poutinisme, dont la propagande adapte sa forme aux pays qu'elle vise, se présente en France comme la meilleure réponse à une société en demande d'autorité, à la recherche d'un chef, apeurée par une immigration incontrôlée, déstabilisée par la propagation du mouvement LGBT, du wokisme, du courant transgenre et de Me-too qui s'en prend aux hommes blancs hétérosexuels. À tous ceux qui ne se reconnaissent pas dans ces mouvements communautaristes, Vladimir Poutine prétend apporter un modèle de civilisation et de lutte contre ce qu'il nomme la « Gayropa ». Peu importe que la GPA soit en Russie une pratique courante depuis 1995, année où elle a été autorisée, y compris contre rétribution, ou qu'un quart des enfants russes naissent hors mariage et qu'un tiers d'entre eux vivent dans des familles monoparentales. Peu importe aussi que l'un des principaux soutiens à la guerre du Kremlin s'appelle Ruslan Kadyrov, le tyran « islamiste » de Tchétchénie, la Russie de Vladimir Poutine, où l'homosexualité a été considérée comme un crime jusqu'en 1993, et où la Gay Pride est interdite, se présente comme un rempart face à la « déliquescence » de la civilisation occidentale. Elle est soutenue dans cette mission par la puissante Église orthodoxe. « L'Occident a perdu ses propres valeurs, comme en témoigne le mariage gay. Sans les valeurs enracinées dans le christianisme et les autres religions du monde depuis des milliers d'années, sans respect pour les principes millénaires de moralité, inévitablement, les individus perdent leur dignité humaine », affirmait Vladimir Poutine au forum de Valdaï en 2013. Le 31 décembre 2022, la soirée de Nouvel an organisée par la télévision d'État russe a mis en scène, pour railler l'Occident, des acteurs obscènes aux lèvres gonflées et rouges, déguisés en transsexuels, affublés de sexes gigantesques et de seins démesurés.

Les réseaux pro-russes

Ils sont classés par un diplomate ukrainien en trois catégories. « Les idiots utiles », ceux qui agissent par idéologie et ils sont, selon lui, nombreux en France. « Les agents actifs », relais quotidiens de la propagande russe, qui entretiennent avec le Kremlin des relations suivies et régulières. Et enfin « les conserves », des agents dormants qui sont autorisés, quand ils ne sont pas sollicités, à critiquer la Russie. « Aujourd'hui, on entend le bruit des boîtes de conserve qui s'ouvrent », commente le diplomate ukrainien. Les catégories de l'ancien oligarque russe et ex-prisonnier politique Mikhail Khodorkovsky sont un peu différentes. Hormis « les idiots utiles » du Kremlin, il distingue les « autocrates compatibles », « ceux qui pensent qu'on peut s'entendre avec les autocrates et qu'il faut les respecter, alors que les dirigeants comme Vladimir Poutine ne négocient qu'avec un pistolet sur la tempe », et aussi les « politiciens cyniques », « ceux qui comprennent tout, mais n'ont ni barrière éthique ni plan stratégique ». Il faudrait y ajouter ceux qui trouvent un intérêt financier personnel à soutenir Vladimir Poutine, qui leur ouvre les portes de ses grandes entreprises, comme François Fillon ou, dans un autre genre, Gérard Depardieu, qui avait même acquis un passeport russe. Quant à l'historienne Françoise Thom, elle regroupe avec humour les réseaux russes sous le terme de « Poutintern ». C'est un paradoxe : depuis le début de la guerre en Ukraine, les Français se disent à 79 % du côté de l'Ukraine. Mais les élites font de la résistance.

Au sein de l'Europe occidentale, la France est particulièrement visée par les opérations d'influence menées par les services secrets russes. Selon les spécialistes, le niveau d'activité du SVR, le renseignement extérieur, était revenu avant la guerre en Ukraine à son niveau de la guerre froide. Environ la moitié des diplomates russes basés en France, selon des sources concordantes, étaient en fait des agents. Pourquoi la France ? Toujours pour la même raison : « Parce que c'est l'un des deux leaders de l'Europe », répond un diplomate russe. C'est donc là qu'il faut agir en priorité pour tenter de diviser les membres des pays de l'Union et créer des lobbys favorables au Kremlin. Mais aussi parce que le sentiment pro-russe y est plus développé qu'ailleurs, qu'elle possède une industrie d'armement de qualité et qu'elle héberge des organisations internationales comme l'Unesco.

Les relais d'opinion pro-russes, l'influence des lobbys pro-Kremlin dans la vie politique française, comme par exemple l'association Dialogue franco-russe, coprésidée par Thierry Mariani et Vladimir Iakounine, l'ancien PDG des chemins de fer russes, ainsi qu'une forme d'intimité franco-russe expliquent qu'une partie de la droite, l'extrême droite et l'extrême gauche françaises soient tombées sous le charme de Vladimir Poutine, de François Fillon à Marine Le Pen en passant par Jean-Luc Mélenchon. De même qu'elle était derrière le bourreau serbe Slobodan Milosevic et ses affidés de Bosnie, pendant les guerres d'ex-Yougoslavie, l'extrême droite française trouve en Vladimir Poutine et en l'idéologue Alexandre Douguine une source d'inspiration. Avant la guerre, Éric Zemmour rêvait d'un « Poutine français ». Il voulait « s'affranchir de la tutelle américaine » pour se tourner vers Moscou. Quant à Marine Le Pen, elle voulait sortir de l'OTAN et favoriser l'émergence d'une alliance militaire avec Vladimir Poutine. Comme il distribuait jadis ses largesses financières au Parti communiste français, le Kremlin, qui a longtemps misé sur l'élection de Marine Le Pen, a consenti un prêt de 9 millions d'euros au FN en 2014, *via* la banque FCRB à Moscou. Quant à l'extrême gauche, sa complaisance vis-à-vis de Poutine est fondée sur un rejet des États-Unis, de l'OTAN et du libéralisme occidental ainsi que sur la volonté, chez certains, de sauvegarder un bilan positif du régime soviétique et du communisme. Jean-Luc Mélenchon l'a souvent répété : « La Russie de Vladimir Poutine est un partenaire » et « ce sont les États-Unis qui sont dans la position agressive ». Si le Parti socialiste a été épargné par la pénétration de l'influence russe, c'est sans doute parce qu'il s'est construit en rivalité avec le Parti communiste, depuis le Congrès de Tours en 1920, qui entretenait des liens organiques de subordination avec Moscou. Mais plusieurs personnalités souverainistes socialistes, comme Jean-Pierre Chevènement, se sont néanmoins éloignées de la ligne du parti pour soutenir la Russie de Poutine, vue comme un contrepoids aux États-Unis. Nommé représentant spécial de la France pour la Russie en 2012 dans le cadre de la « diplomatie économique » du Quai d'Orsay, Jean-Pierre Chevènement a affirmé que pour lui, la Crimée était « historiquement russe ». L'ancien ministre socialiste, représentant du gaullo-mitterrandisme, est celui qui a initié Emmanuel Macron à la Russie, lui donnant ainsi ses premières convictions en politique étrangère. En octobre 2022, Jean-Pierre Chevènement a été décoré des insignes de commandeur de la Légion d'honneur par Emmanuel Macron, qui l'avait suivi dans son parti dans les années 1990. Le représentant de cette vieille gauche anti-atlantiste et russophile avait aussi été décoré en 2017 de l'ordre de l'Amitié par Vladimir Poutine, à l'occasion d'une cérémonie au Kremlin ! Le président russe, qui sait mieux que quiconque organiser la dépendance, économique ou politique, des responsables européens, avait remercié l'ancien ministre – et d'autres étrangers – pour leurs efforts en faveur de « la paix, de l'amitié et de la compréhension mutuelle entre les peuples ». Il avait aussi salué leur « attitude sincère et cordiale envers la Russie ».

À l'époque de l'ouverture de la Russie, sous Gorbatchev, puis sous Eltsine, l'approche complaisante vis-à-vis de la Russie pouvait paraître justifiée. La démocratie s'installait, la liberté poussait dans les rues de Moscou, les Russes n'avaient plus peur du KGB. Mais avec l'arrivée de Vladimir Poutine au pouvoir, qui tout de suite a remis au pas les médias indépendants et les dissidents, restauré la chape de plomb des « organes » de sécurité, le tropisme russe d'une partie des élites et de la classe politique française s'est révélé de plus en plus acrobatique.

Chapitre VIII

Avant Macron : de Mitterrand à Hollande

Les liens particuliers qui unissent la Russie à la France et donnent parfois l'impression d'une complaisance vis-à-vis du régime de Poutine ne sont pas l'apanage d'Emmanuel Macron. Ils ont nourri la politique russe de la France de ses prédécesseurs, qu'ils soient de gauche ou de droite. « Mitterrand, Chirac, Sarkozy auraient pu, avec des styles différents, avoir exactement la même politique russe qu'Emmanuel Macron depuis le début de la guerre. Car la relative proximité avec Moscou est en France la position par défaut », analyse Camille Grand, ancien secrétaire général de l'OTAN aujourd'hui au Conseil européen pour les relations internationales (ECFR).

François Mitterrand

Il fut peut-être le plus russophile des présidents de la Ve République. Après la guerre froide, l'antiaméricanisme français, un temps mis entre parenthèses, s'est réveillé naturellement, prenant appui sur la compassion vis-à-vis de la Russie qui venait de perdre son empire et se cherchait une nouvelle direction. « On les comprend comme ils nous comprennent », affirmait à l'époque un diplomate. En 1989, au moment de la chute du Mur, la France disposait d'une opportunité pour renouveler la relation franco-russe. Mais elle ne l'a pas saisie. François Mitterrand a raté le tournant de la renaissance russe en s'accrochant à l'idée d'une fédération soviétique plus à même selon lui de contenir le tumulte des nations de l'empire. Il a gravement sous-estimé la crise de l'URSS sous Gorbatchev, cru que le réveil des pays baltes et du Caucase n'était qu'un retour aux nationalismes que seul le cadre soviétique pouvait endiguer. En 1988, il dit à Gorbatchev : « Il y a un risque de désordre dans l'empire soviétique. Ce désordre n'est probablement pas préférable, pour nous, à l'ordre qui y régnait jusqu'ici. » Puis, en 1991, il affirme : « La dislocation de l'URSS serait une catastrophe historique, contraire à l'intérêt de la France. La France ne favorisera pas les forces centrifuges... Jamais, en aucune circonstance, la France n'encouragera la dislocation de l'URSS. » François Mitterrand se place derrière Gorbatchev au moment de l'indépendance lituanienne, qu'il déplore. Il fait tout pour maintenir à bout de bras l'URSS en pleine décomposition, exerçant même des pressions sur le président Landsbergis pour qu'il mette entre parenthèses la déclaration d'indépendance lituanienne. Il ignore Boris Eltsine, qui vient d'être élu président de Russie, mais qu'il ne prend pas au sérieux. Pendant quelques heures, il a même soutenu le putsch conservateur d'août 1991. À l'époque, il est approuvé par une grande partie de l'intelligentsia française, qui regrette secrètement l'implosion de l'Union soviétique, cette si belle utopie, si commode à vivre pour ceux qui étaient du bon côté et qui, comme lui, assimile les réformes économiques postsoviétiques à un hold-up commis par des mafieux sans foi ni loi. Et qui méprise les aspirations des nations d'Europe orientale, auxquelles il oppose avec cynisme les raisons impériales de Moscou.

François Mitterrand envisageait surtout l'ouverture de l'Europe de l'Est sous l'angle de la relation franco-allemande. « Il voulait une Europe de l'Ouest intégrée, de tendance socialiste, dominée par le couple franco-allemand, lui-même dominé par la France. Il s'accrochait à l'espoir que Moscou ferait obstacle à la réunification de l'Allemagne. Paris revient à l'éternelle chimère de la diplomatie française : jusqu'au naufrage total de la RDA, il a vainement poursuivi le mirage de l'alliance de revers, oublieux de la faiblesse interne de l'URSS, espérant jusqu'au dernier moment que Moscou allait bloquer la réunification de l'Allemagne... Les Français ne comprennent pas que Gorbatchev n'est pas dans cette optique, qu'il ne veut pas interférer. François Mitterrand n'opère un revirement que lorsqu'il comprend que Gorbatchev ne résiste pas aux Allemands », écrit la spécialiste de la Russie Françoise Thom dans *La Marche à rebours*. Dans un autre article, elle poursuit : « Cet aveuglement a jeté un froid durable dans la relation franco-allemande et nous a aliéné les pays d'Europe centrale et orientale et les nouveaux États sortis d'URSS. » À l'époque mitterrandienne comme aujourd'hui, la France paraît toujours en retard d'un train. Elle répète déjà à loisir qu'il « ne faut pas humilier la Russie ».

Pourtant, l'ancien président français était aussi réaliste, comme le fut de Gaulle, sur la Russie. Et dans les moments graves, son jugement était souvent juste et loyal. Ainsi le fut-il pendant l'une des crises du début de son premier septennat. « Je constate que le pacifisme est à l'ouest et les euromissiles à l'est. Et je pense qu'il s'agit là d'un rapport inégal », avait-il affirmé en 1983, pendant les manifestations pacifistes contre l'installation de missiles américains en Europe, pour répondre au déploiement de fusées soviétiques SS20 à l'est du rideau de fer.

Jacques Chirac

Contrairement à son prédécesseur, Jacques Chirac entretient de bonnes relations avec Boris Eltsine, dont il goûte à la fois la bonhommie et le libéralisme économique. Fasciné par les civilisations asiatiques, Jacques Chirac a appris le russe et a même traduit – « mal », reconnaîtra-t-il plus tard – sous la houlette d'un vieil émigré ayant fui la révolution bolchevique, le mythique poème fleuve de Pouchkine, *Eugène Onéguine*. L'atroce première guerre de Tchétchénie dans laquelle Boris Eltsine lance son pays en 1994 n'altérera pas son amitié avec le président russe, empreinte de sentimentalisme : la France lui trouve des excuses. En 1995, il déclare au sommet d'Halifax « qu'il ne faut pas humilier la Russie ». « Ce n'est pas parce qu'elle connaît aujourd'hui des difficultés que cela change sa nature. Tous ceux qui ne voudraient pas reconnaître la grandeur de la Russie et de son peuple commettraient une erreur majeure sur la vision du monde de demain. » Tandis que les Tchétchènes agonisent sous un tapis de bombes, Paris soutient l'entrée de la Russie au Conseil de l'Europe, une organisation internationale placée au service de la démocratie et des droits de l'homme ! La bibliothèque Boris-Eltsine d'Ekaterinburg expose les mots d'amitié écrits en russe par Jacques Chirac à Boris Eltsine, pendant le G7 de 1996.

Au début des années 2000, la Russie de Vladimir Poutine élimine les contre-pouvoirs les uns après les autres, faisant reculer à grands pas la démocratie. En Tchétchénie, où il a déclaré la deuxième guerre, le Kremlin poursuit son jeu de massacre. En Russie, le président russe fait empoisonner ceux qui contredisent le point de vue officiel. Le Kremlin se fait de plus en plus menaçant et impérial à ses frontières, dans « l'étranger proche », lorsque celui-ci refuse de se soumettre à sa volonté. Mais pour Jacques Chirac, la guerre et la répression en Tchétchénie, où la capitale Grozny a été rasée par l'armée russe, sont une « affaire intérieure ». En 2003, lors du tricentenaire de Saint-Pétersbourg, il va encore plus loin dans le soutien au Kremlin en déclarant que « la Russie se trouve au premier rang des démocraties ». C'est d'ailleurs avec Vladimir Poutine que Jacques Chirac et le chancelier allemand Gerhard Schröder, qui sera plus tard employé par les sociétés russes Gazprom et Rosneft, vont s'allier pour tenter de s'opposer au désastreux projet d'invasion américain de l'Irak en 2003. Paris, Berlin et Moscou formeront une étrange troïka de « colombes » diplomatiques. Jacques Chirac a choisi son camp et il considère, malgré la guerre en Tchétchénie, que c'est « le camp de la paix ». De cette euphorie franco-russe est censé naître – déjà – un « grand partenariat stratégique ».

À l'automne 2006, une semaine seulement avant l'assassinat, chez elle à Moscou, de la journaliste indépendante Anna Politkovskaïa, Jacques Chirac a décoré

Vladimir Poutine de la croix de la Légion d'honneur. À l'époque, Paris s'enferme dans un dialogue exclusif avec le pouvoir poutinien, ignorant volontairement l'opposition russe. Jacques Chirac voyait la Russie de Vladimir Poutine « fermement engagée sur la voie de la démocratie ». Son Premier ministre Dominique de Villepin est sur la même ligne quand il affirme en 2008, après l'entrée des chars russes en Géorgie, que la Russie est une « démocratie autoritaire ». Emmanuel Macron n'a rien inventé : à l'époque déjà, Paris prenait garde à « ne pas humilier la Russie », cette « grande nation », « alliée de longue date » avec la France, comme le disaient les diplomates. Au nom de la « multipolarité » – déjà – de la dépendance énergétique et de la « realpolitik des contrats », la France a souvent, sur le flanc est, renoncé à ses valeurs démocratiques occidentales. Le tropisme russe de Jacques Chirac a façonné la politique franco-russe de la France pendant toute sa présidence.

Nicolas Sarkozy

Ce fut sans doute le président le plus accommodant de tous avec la Russie. Nicolas Sarkozy avait pourtant commencé son mandat, conseillé, notamment, par le philosophe André Glucksmann, sur un ton critique vis-à-vis de la Russie de Vladimir Poutine. Il avait réintroduit les questions de morale et les droits de l'homme dans la relation en raillant le zèle dont Jacques Chirac faisait preuve, selon lui, vis-à-vis du président russe. Nicolas Sarkozy fut aussi celui qui orchestra, au début de son mandat, un rapprochement avec les États-Unis, illustré, en 2009, par le retour de la France dans le commandement intégré de l'OTAN, une initiative appréciée par les pays anglo-saxons, mais qui avait aussi rassuré ceux de l'ancienne Europe de l'Est, très attachés à l'Alliance atlantique.

La conversation humiliante qu'il eut avec Vladimir Poutine pendant le G8 de Heiligendamm, en 2007, a été relatée par le journaliste Nicolas Hénin dans son livre *La France russe : enquête sur les réseaux de Poutine* (Fayard, 2016). Ce jour-là, Nicolas Sarkozy roule des mécaniques, sûr de lui. « Je ne suis pas Jacques Chirac. Avec moi, on va parler d'Anna Politkovskaïa, des droits de l'homme, des mouvements en Tchétchénie », dit-il au président russe. Vladimir Poutine reste d'abord impassible puis répond : « C'est bon, tu as fini ? Alors je vais t'expliquer. Ton pays, il est comme ça (mains rapprochées). Et mon pays, il est comme ça (bras écartés). Maintenant tu as deux solutions : soit tu continues à parler sur ce ton et je t'écrase. Ou alors tu changes de registre et je peux te faire roi d'Europe. » Après cette douche glacée à laquelle il ne s'attendait pas, Nicolas Sarkozy serait sorti de la réunion choqué et livide. Certains, voyant son air perdu et son attitude confuse, avaient même cru que le président français avait bu…

Avec le Kremlin, sa ligne dure n'a pas tenu longtemps. Persuadé d'avoir arrêté l'armée russe pendant la guerre en Géorgie en août 2008, quand la France assurait la présidence de l'Union européenne, il a cru avoir dompté Vladimir Poutine, qui pourtant lui avait promis, comme le raconte le journaliste de *L'Obs* Vincent Jauvert, « qu'il allait pendre Mikhail Saakachvili (le président géorgien), par les couilles ». Mais son initiative géorgienne n'a pas fait long feu :

le président français, une fois rentré à Paris, n'a pas fait pression pour que les accords de paix conclus sous ses auspices entre Moscou et Tbilissi soient respectés par la partie russe, qui n'a jamais retiré ses troupes du petit pays caucasien. À l'instar de Barack Obama, il s'est empressé d'oublier la guerre en Géorgie. Il a tout misé sur le « modéré » Dmitri Medvedev, alors qu'il était déjà évident pour les connaisseurs de la Russie que le président intérimaire n'était qu'un homme de paille de Vladimir Poutine, une marionnette dont les apparentes convictions démocratiques étaient de la poudre aux yeux prête à s'envoler au premier signal du vrai patron. C'est pendant le mandat de Nicolas Sarkozy qu'a été lancé le chantier de la cathédrale orthodoxe de Paris. Un coup de maître des Russes, qui ont réussi à installer ce relais de la propagande poutinienne Quai Branly, à portée d'écoute du SGDSN, du Quai d'Orsay et de l'Élysée ! C'est encore lui qui a scellé la vente de quatre bateaux de guerre Mistral à la Russie en 2011 alors que les troupes russes ne s'étaient toujours pas retirées de Géorgie. Le président français était prêt à livrer de la technologie, mais surtout l'un des bijoux de l'armée française à un pays avec qui la France avait des différends stratégiques majeurs et dont l'attitude hostile et la politique agressive envers ses voisins et les pays de l'Union européenne ne faisaient que s'aggraver avec le temps ! À l'époque, Nicolas Sarkozy avait agi contre l'avis de l'état-major militaire français, et bien sûr contre celui de ses grands alliés de l'OTAN, notamment les États-Unis. Voilà ce qu'en disait le chef d'état-major, l'amiral Guillaud, en 2009 : « Oui, le destin de l'Europe se joue en partie par la Russie. Mais que sait-on de l'avenir de ce pays ? Comment aura-t-il évolué dans quatre ans, quand on devra livrer ce bijou de la technologie militaire française ? N'est-ce pas irresponsable de prendre un tel risque pour une nation comme la nôtre, membre permanent du conseil de sécurité de l'ONU ? » Ce n'était pas la vision de Nicolas Sarkozy. En 2009, à la conférence sur la sécurité de Munich, quelques mois seulement après l'attaque de la Russie contre la Géorgie, il avait déclaré : « Je ne crois pas que la Russie d'aujourd'hui soit une menace militaire pour l'Union européenne et l'OTAN. La Russie n'est pas un pays qui spontanément est porté à une agressivité militaire envers ses voisins. » En février 2015, il avait défendu l'annexion de la Crimée au conseil national de l'UMP : « Avec la Russie, nous avons une civilisation en commun. La Crimée a choisi la Russie, on ne peut pas le lui reprocher. » Cette année-là, il sera aussi reçu dans la résidence personnelle de Vladimir Poutine, à Moscou. Il dira plus tard : « J'ai toujours été un ami de Vladimir Poutine, parce que c'est un homme avec qui on peut parler, y compris quand on a des désaccords. » On ose à peine penser quelle utilisation Vladimir Poutine aurait fait des bâtiments navals français en mer Noire contre l'Ukraine, d'abord en 2014 puis en 2022, si François Hollande n'avait pas annulé le contrat, après l'annexion de la Crimée.

Certains responsables politiques ont abandonné leur ligne pro-russe après l'invasion russe de l'Ukraine. Ou au moins ont-ils fait semblant, en attendant de voir de quel côté tomberait la victoire. Ce n'est pas le cas de Nicolas Sarkozy. Quelques jours après la découverte des massacres commis contre les civils à Izioum, en Ukraine, en septembre 2022, alors qu'il s'exprimait à un petit déjeuner devant des représentants de l'élite française, l'ancien président, qui se vante d'avoir continué, jusqu'à l'invasion, à voir Vladimir Poutine deux ou trois fois par an, avait toujours une vision de la région imprégnée de propagande russe et d'aveuglement politique. Vladimir Poutine ? « C'est quelqu'un avec qui vous pouvez parler. C'est un interlocuteur crédible, pour peu qu'il ait confiance. On doit et on peut discuter avec lui. » Volodymyr Zelensky ? « Il a des qualités, mais elles ne m'apparaissent pas toutes ! » Ursula von der Leyen ? « Je me demande qui l'a autorisée à parler. Elle parle au nom de qui, cette dame ? Où a-t-elle vu qu'on pouvait acheter tout ça d'armes sur le budget européen ? Elle a pris les commandes d'une voiture qui ne lui appartient pas. » Les Américains ? « Ils se servent des Ukrainiens pour faire la guerre en Russie. » Emmanuel Macron ? C'est le seul qui trouve grâce à ses yeux, mais s'il le voit et le conseille, c'est surtout « pour l'empêcher de faire des conneries ». Pas une once de compassion ni même de respect pour le combat des Ukrainiens, pourtant mené avec un courage immense et au nom des valeurs européennes. L'adversaire n'est pas celui qu'on croit ! « Nous sommes au bord d'une violence extravagante où le but est d'humilier la Russie », affirme-t-il. Lui saurait comment s'y prendre pour mettre fin à la guerre. « La solution est facile à trouver, il faut parler. Il faut y aller et discuter, comme je l'avais fait en 2008 pour arrêter la guerre en Géorgie. Vladimir Poutine ne veut pas ? On s'en fout ! On y va quand même ! Vous croyez que c'est facile de discuter avec le président chinois ? » Quant à son action en Géorgie, elle est relativisée par de nombreux acteurs internationaux qui l'ont vécue sur place. Ils affirment que les Russes ont stoppé seuls leur offensive, car leur but était de « donner un coup de patte » à la petite république rebelle et non pas de l'envahir. Quant à l'ancien ambassadeur à Moscou Jean-Maurice Ripert, il s'en souvient : « Il y avait dans le document signé en août 2008, et dont, au passage, certains disent que la version anglaise ne correspondait pas au texte russe, une ambiguïté qui devait permettre d'assurer la paix. Mais en fait, la Russie a annexé l'Ossétie du Sud ! »

François Hollande

L'ancien président socialiste aura finalement été celui qui a le moins mal géré la relation avec la Russie, même si les accords de Minsk, conclus sous son égide et celle d'Angela Merkel, se sont fracassés contre les murs du Kremlin. « La seule concession qu'il a faite à l'époque dans les accords de Minsk, c'est de ne pas écrire le mot Crimée », poursuit Jean-Maurice Ripert. C'était une importante concession. « Pour le reste, il avait compris les ressorts de la Russie de Vladimir Poutine sans céder. » Comme les avait compris son conseiller diplomatique Jacques Audibert, aux manettes de la diplomatie française à l'Élysée. Il a sans doute fallu une certaine dose de courage pour annuler la vente des Mistral, certes après de longs mois de tergiversations suivant l'annexion de la Crimée et sous la forte pression des États-Unis. « Pour avoir une bonne politique russe, il faut être modeste. François Hollande était un président modeste. Ce n'est pas le cas d'Emmanuel Macron et ce n'était pas celui de Nicolas Sarkozy. Le grand problème de la politique étrangère française, c'est qu'elle manque de modestie », explique la spécialiste

Françoise Thom. Sans doute François Hollande était-il aussi plus réaliste et plus politique sur les questions internationales. Il faut dire qu'il avait été plusieurs fois roulé dans la farine par Vladimir Poutine. En 2012, pendant le retrait français d'Afghanistan, quand le président russe avait prélevé du matériel français pour l'installer dans les Républiques ex-soviétiques de la région. En 2013, quand le Kremlin avait sauvé la mise de Bachar el-Assad en proposant d'assurer le contrôle et la destruction des armes chimiques syriennes. Pour justifier son soutien au régime syrien, le président russe, en colère, lui avait lancé : « Ça vous a pas suffi la guerre d'Algérie ? » François Hollande en est aujourd'hui persuadé : « Le sort de l'Ukraine s'est joué en Syrie en 2013 », quand Barack Obama a lâché ses alliés français qui s'apprêtaient à lancer un raid punitif contre les forces syriennes[1]. Le sujet syrien a souvent gâché les rencontres des deux présidents. Un ancien conseiller de François Hollande se souvient de la deuxième rencontre entre le président français et Vladimir Poutine, à laquelle il avait assisté, en pleine actualité syrienne. « François Hollande évoquait la situation en Syrie et les grands sujets géopolitiques. En face, Vladimir Poutine ne le regardait pas. Il tripotait ses fiches. Et puis, à la fin, quand François Hollande avait fini de parler des sujets sérieux, le président russe a répondu en évoquant uniquement des sujets mineurs, comme l'ouverture d'un centre culturel ou la question des visas. Son regard affichait un profond mépris pour son interlocuteur ». Pour François Hollande, Vladimir Poutine est un mélange de « séduction et de brutalité ». La séduction, c'est quand

1. Entretien avec l'auteur.

le président russe arrive avec un sac isotherme contenant une bonne vodka pour ses hôtes pendant le dîner en marge des commémorations du Débarquement, en juin 2014, quand Barack Obama, dans un autre dîner, s'était montré « arrogant » et « incapable d'apprécier la cuisine française », se rappelle un diplomate. La brutalité, c'est quand, au cours de ce même dîner, le président russe avait porté un toast « à la santé des salopards yankees américains ». Gêné, Laurent Fabius, le ministre des Affaires étrangères, avait baissé son verre…

Aujourd'hui encore, le discours de François Hollande est l'un des plus clairs sur la Russie. « Vladimir Poutine utilise le mensonge comme élément de négociation. Le mensonge fait partie de la discussion… La droite française a toujours eu une inclination particulière avec la Russie. C'est l'Occident, dit-elle, qui a poussé Vladimir Poutine à ce raidissement. Je n'y ai jamais cru. Vladimir Poutine a soutenu Bachar el-Assad jusqu'au bout en Syrie », dit-il dans le film de la réalisatrice Anne Poiret consacré à l'Ukraine, *Ukraine : chronique d'une guerre annoncée*. Certes, il est toujours plus facile d'analyser les situations avec les habits d'un expert qu'avec ceux d'un dirigeant, mais l'ancien président socialiste est un des anciens responsables politiques dont le discours est le plus clair sur la Russie de Vladimir Poutine. « Vladimir Poutine conjugue le brûlant et le glacial. » « La guerre russe en Ukraine, cet événement majeur, n'est pas survenue brutalement entre la Russie et l'Ukraine, mais découle d'un processus qui a commencé en 2014, avec une volonté de changer l'ordre du monde et de faire prévaloir la force sur le droit », disait-il en janvier 2023 pendant une conférence à la chaire Grands enjeux stratégiques de la Sorbonne. Il en est persuadé : « Ce qui se joue en Ukraine, c'est le destin du monde, pas une conquête de territoires. De la façon dont se terminera la guerre dépendra le nouvel ordre international. Une défaite de Vladimir Poutine, son éviction du Donbass et de Crimée mettraient fin à la tentation de la Chine et de la Russie d'aller plus loin. »

Chapitre IX

L'ombre de De Gaulle et l'antiaméricanisme

À l'origine de l'inspiration internationale des dirigeants d'aujourd'hui, se trouve toujours de Gaulle. Mais s'il pouvait entendre tout ce qu'on lui fait dire ou penser aujourd'hui, nul doute que le général se retournerait dans sa tombe. De Gaulle, une passion française. Pas un parti politique, de droite ou de gauche, qui ne se réclame de sa pensée. Pas un dirigeant politique qui n'y fasse référence. Pas un intellectuel qui oublie de le convoquer pour expliquer les troubles du monde et de la France. Pour le meilleur, bien sûr. Mais parfois aussi pour le pire, quand la vision du gaullisme se résume à l'antiaméricanisme, autre vieille tradition française, ou quand elle vient, avec Emmanuel Macron, justifier son obsession d'une médiation entre l'Ukraine et la Russie.

Rarement un homme politique ne fut aussi trahi que le général de Gaulle. En quittant le commandement intégré de l'OTAN en 1966, il voulait donner davantage d'autonomie à la France et éviter qu'elle ne soit broyée dans la compétition nucléaire entre les deux Grands. Il voulait offrir à la France un moyen de peser, alors que la guerre froide avait figé les choses pour les puissances moyennes comme elle. Il rêvait à l'époque d'une Europe de l'Atlantique à l'Oural. Mais le Général n'a pas, comme certains le prétendent caricaturalement, quitté l'Alliance, dont il est toujours resté un allié fidèle. Voilà comment il célébrait l'amitié et la coopération franco-américaine, le 25 avril 1960, devant le Congrès à Washington à l'occasion d'un voyage officiel : « La France a choisi. Elle a choisi d'être du côté des peuples libres, elle a choisi d'y être avec vous. Rien ne compte davantage pour la France que la raison, la résolution et l'amitié du grand peuple des États-Unis. Je suis venu vous le dire. » Hormis avec Roosevelt, parce qu'il avait parié sur Vichy, le Général a toujours entretenu de bons rapports avec les dirigeants américains, et notamment avec Nixon. Certes, il conduisait un dialogue indépendant avec Moscou, notamment pour faire face à l'Allemagne et à la puissance montante des États-Unis. « La Russie est éternelle », avait-il dit pendant son voyage à Moscou en 1944. Mais il n'aura jamais d'illusions sur le régime soviétique et même s'il avait pris position contre la guerre du Vietnam, il a toujours manifesté son entière solidarité avec les États-Unis pendant les crises. Qui ne se souvient pas de la réponse atlantiste qu'il fit à l'ambassadeur d'URSS, qui lui rappelait que Paris était à portée des missiles soviétiques, pendant la crise de Cuba en 1961 : « Eh bien, Monsieur l'ambassadeur, nous mourrons ensemble ! » De Gaulle, qui n'avait pas oublié que la mission des démocraties, le noble message de 1789, était de répandre la liberté et d'abattre les tyrannies, avait établi un « contrat » entre « la grandeur de la France et la liberté dans le monde ». Il est trahi aujourd'hui à droite et à gauche par ceux qui se réclament de sa pensée. « Emmanuel Macron croit qu'il se situe dans le sillage de De Gaulle, mais il fait une erreur d'interprétation du gaullisme. En

1961, de Gaulle n'était pas pendu au téléphone avec Khrouchtchev pour lui dire : on pourrait trouver un terrain d'entente ! » analyse l'ancien diplomate Michel Duclos. Il va même plus loin : « Parler avec Vladimir Poutine après l'agression de l'Ukraine, c'est de l'anti de Gaulle ! Quand on vous agresse, on ne tend pas la joue gauche ! » C'est pareil pour la médiation, obsession du président français. « Quand de Gaulle est allé à Moscou en 1965, il l'a fait après validation de la force de frappe française, rappelant ainsi que des villes russes étaient à sa portée. Emmanuel Macron n'a pas le type d'instrument dissuasif que représente le nucléaire pour riposter à Poutine. Il n'a pas l'équivalent avec le cyber, alors que Poutine, lui, sait qu'il peut paralyser nos hôpitaux et nos services publics avec cette arme », poursuit Michel Duclos.

Les références aux deux guerres mondiales et à de Gaulle ont souvent servi d'arguments pour justifier l'antiaméricanisme et l'antigermanisme. Voilà ce qu'en disait le penseur Jean-François Revel, quelque temps avant sa mort : « Si vous enlevez l'antiaméricanisme de la pensée politique française, à droite comme à gauche, il ne reste plus rien. » Il existe dans les élites civiles et militaires françaises une obsession d'un non-alignement sur les analyses anglo-saxonnes. Si cette approche s'est parfois révélée pertinente, par exemple pendant l'invasion américaine de l'Irak en 2003, elle est incompréhensible sur la Russie depuis 2014. Mais elle est impossible à éradiquer, car elle plonge ses racines dans l'histoire. « Le pli anti-américain, voire anti-occidental, de certains partis et d'une grande partie de la population française a été pris il y a fort longtemps. Il demeure immuable, imperméable à la réalité, comme un héritage dont on n'a plus conscience, presque comme un réflexe », écrit l'historienne Françoise Thom. C'est à l'automne 1947, avec la campagne de Staline contre le plan Marshall, qui devait sortir l'Europe de sa misère et réconcilier l'Allemagne et la France, que s'installent les grands thèmes du discours anti-américain, encore présent aujourd'hui dans les partis politiques français. À l'extrême droite. Mais aussi à l'extrême gauche, où la propagande stalinienne produit encore des effets. Comprenant que le succès de cette politique, qui devait aussi jeter les bases de la Communauté européenne, signerait la fin de ses ambitions de domination sur le continent, Staline tente de saboter le plan Marshall. « Son idée était de faire appel au nationalisme et de poser l'URSS comme la championne de la souveraineté des États européens face à un projet d'"asservissement" de l'Europe par les États-Unis », explique l'historienne Françoise Thom. En septembre 1947, le troisième secrétaire du Parti communiste d'Union soviétique (PCUS) Andreï Jdanov, se livre à une attaque en règle contre les États-Unis lors d'une réunion des partis communistes européens en Pologne. Le plan Marshall, selon le leader soviétique, est « un projet consistant à créer un bloc d'États redevables aux États-Unis et à accorder des crédits aux pays européens en récompense d'un abandon de leur indépendance économique puis politique ». « La propagande mettant en avant la "souveraineté" des nations contre "l'hégémonisme" américain ne resta pas l'apanage du PCF. Il percola dans le parti gaulliste. Au début des années 1950, communistes et gaullistes firent campagne ensemble contre le projet de CED (Communauté européenne de défense) au nom de la "souveraineté" de la France », poursuit la spécialiste.

Depuis cette époque, le « cavalier seul », justifié par la nécessité de montrer son « indépendance » vis-à-vis des États-Unis, est devenu un must de la diplomatie française. Moscou a toujours exploité cette différence française, qui se fait au détriment des alliances et des engagements européens de Paris, afin d'affaiblir l'Union européenne et l'OTAN. C'est encore le cas quand Emmanuel Macron se félicite que Vladimir Poutine « respecte la France et fasse une distinction avec le reste de l'Occident ». Le Kremlin utilise aussi la fibre gaulliste pour essayer de déstabiliser ses adversaires français. Quand il a été blessé par un canon français Caesar en Ukraine, fin décembre, l'ancien chef de l'agence spatiale russe Dmitri Rogozine, aujourd'hui envoyé spécial du président russe dans le Donbass, a envoyé à Emmanuel Macron, dans une lettre adressée à l'ambassadeur à Moscou Pierre Lévy, l'éclat d'obus qui l'a touché. « Paris a trahi l'héritage de De Gaulle et est devenu l'un des États les plus sanguinaires d'Europe », a-t-il écrit, en affirmant qu'il « ne reconnaissait plus la France ». « C'est un État fantoche comme la France de Vichy, qui se dévoue à servir l'hitlérisme. » En janvier 2023, Pierre de Gaulle, pâle héritier de son grand-père et pro-Kremlin affiché, s'est rendu à Moscou pour participer à une conférence avec des historiens. Parmi eux, le directeur de l'Institut d'histoire Yuri Petrov, qui a dit à l'occasion : « Le président Macron se comporte désormais davantage comme Pétain que comme de Gaulle. La France agit maintenant comme un outil obéissant dans les mains d'un "patron" étranger supérieur. Je suis convaincu que l'envoi d'armes, y compris par la France, au Donbass, ne changera pas le déroulement des opérations militaires et que notre attachement et notre amour pour la France n'en seront pas affectés. »

Pour les partis kremlinophiles et pour ceux qui font preuve de compassion vis-à-vis de Vladimir Poutine, le seul adversaire reste « l'hégémonisme américain ». Le grand satan réside toujours de l'autre côté de l'Atlantique, où se situe la source du mal qui pervertit la France. « Peu importe que Vladimir Poutine menace l'Occident de frappes nucléaires, que les agents du Kremlin infiltrent notre Parlement, nos think tanks, nos partis, nos médias : le péril vient toujours des États-Unis », regrette un ancien diplomate en poste à Moscou. La tendance française à considérer que la Russie est une victime de l'Occident et des États-Unis en particulier, qui s'acharneraient contre Moscou, car ils auraient besoin d'un adversaire, choque non seulement les pays d'Europe orientale et occidentale, mais également les Allemands. « Même les plus européistes des Allemands sont liés aux États-Unis. "L'Europe puissance" est un mot qui fâche entre la France et l'Allemagne. Les Allemands traduisent ça par antiaméricanisme. Ce mot, comme d'ailleurs l'autonomie stratégique, passe très mal, car il veut dire sans les Américains », commente un haut diplomate allemand.

Chapitre X

L'armée française et la Russie : les racines d'une relation particulière

Le soupçon pèse sur eux en permanence. Les militaires français sont-ils trop russophiles ? Cachent-ils, sous leurs uniformes et leurs décorations, une attirance pour le modèle russe que tente d'exporter Vladimir Poutine au-delà de ses frontières ? Au début de la guerre, sur les plateaux de télévision et sur les réseaux sociaux, des généraux à la retraite ont relativisé le droit du peuple ukrainien à se défendre contre l'invasion russe, quand ils n'ont pas épousé le narratif du Kremlin en inversant la charge des responsabilités. Des déclarations du général Pinatel, qui après avoir justifié l'annexion de la Crimée en 2014, considère aujourd'hui qu'il ne faut pas aider les Ukrainiens, en passant par les incantations anti-ukrainiennes et l'obsession de mettre sur un même pied le bourreau et ses victimes, une musique pro-russe se fait régulièrement entendre dans les rangs militaires. Elle vient du plus profond de l'histoire.

Les racines de la relation franco-russe, d'un point de vue militaire, remontent à Pierre le Grand et plus précisément à la visite qu'il fit à la France, pendant une tournée européenne, en 1717. À l'époque, on parle le français, la langue de l'élite, à la cour du tsar. Des alliances se forment entre les grandes familles européennes et celles des aristocrates russes. Les officiers russes et français entretiennent des relations suivies, faites de conseils, de missions et d'échanges. Pendant la Révolution française, la cour impériale de Russie accueille massivement et chaleureusement les aristocrates proscrits en France, dont certains s'exilent à Saint-Pétersbourg. De retour en France, ils ont véhiculé dans l'élite politique et militaire le souvenir de cet accueil respectueux. Puis l'Empire a précipité l'une contre l'autre la France et la Russie dans les guerres de coalition. Mais malgré les victoires françaises, notamment à Austerlitz, la Russie fut l'un des deux pays, avec la Grande-Bretagne, que Napoléon n'a pas pu vaincre. « Les deux puissances ont cultivé l'une pour l'autre une fascination réciproque », explique un officier général. La signature de l'Alliance franco-russe en 1892, et surtout son accord de coopération militaire, rapproche encore les deux pays. Cette ancienne alliance trouve toujours un écho dans les rangs militaires, où elle se mêle à une méfiance, quand ce n'est pas parfois une hostilité, envers les États-Unis.

Pendant la Première Guerre mondiale, l'alliance de la France avec la Russie et la Serbie resserre une nouvelle fois les liens. En décembre 1917, Trotski, alors commissaire du peuple aux Affaires étrangères, revendique sa francophilie devant l'ambassadeur Joseph Noulens, en disant « son attachement envers la France », et envers son peuple qu'il plaçait « au-dessus de tous les autres ». La période soviétique est une époque de glaciation. Mais la Seconde Guerre mondiale est marquée par un nouvel épisode fondateur dans la relation franco-russe, avec l'engagement des pilotes de chasse français de l'escadrille Normandie-Niémen aux côtés des Soviétiques en novembre 1942. Cette unité prestigieuse a combattu pendant trois ans en URSS, d'où elle est rentrée avec des décorations. En 1944, la visite de De Gaulle à Staline fut l'occasion – encore – de la signature d'une alliance franco-soviétique. « Ces épisodes ont laissé des traces », commente le général Paloméros, ancien chef d'état-major de l'armée de l'air. En France comme en Russie, où des écoles portent toujours le nom de Normandie-Niémen et où les pilotes français ont continué à être honorés par l'armée russe. À Moscou, l'attaché défense de l'ambassade occupe l'ancien bureau de commandement de l'escadrille.

Ces liens historiques très forts ont créé un tropisme pro-russe dans l'armée, comme d'ailleurs un tropisme pro-serbe. Ce dernier s'est révélé dans les années 1990 pendant les guerres de l'ex-Yougoslavie. À l'époque, certains officiers ne cachaient pas le respect qu'ils avaient pour la Serbie de Slobodan Milosevic, son armée du froid, massive et déterminée, soutenue par Moscou, et pour ses affidés, les forces serbes de Bosnie, quand ils considéraient les combattants bosniaques comme des « amateurs en savates ». « Certains cadres militaires avaient du mal à regarder les choses en face », confirme un officier général. En 2001, un officier français détaché à l'OTAN a été condamné pour avoir fourni à la Serbie des informations sur les frappes de l'Alliance contre ce pays pendant la guerre du Kosovo. En 2017, un colonel du cabinet militaire du ministre Jean-Yves Le Drian a été accusé d'avoir livré des informations à un membre du GRU, les renseignements militaires russes, en exerçant sous couverture diplomatique. En 2020, un lieutenant-colonel de l'armée de terre à l'OTAN a lui aussi été arrêté à Naples, soupçonné d'avoir transmis des documents officiels au GRU.

Les Serbes et les Russes orthodoxes ont toujours tenu une place à part dans les milieux stratégiques français. « Pendant toute la guerre froide, nous ne ressentions aucun antagonisme avec les Russes. Certes, la Russie était un compétiteur. Mais la fraternité et l'amitié qui ont uni des générations de militaires n'ont jamais disparu. Dans les armées, on a toujours dissocié l'URSS de la Russie ancienne. Et on a toujours conservé le respect que nous avions de l'engagement russe pendant la Seconde Guerre mondiale. Par ailleurs, la guerre froide était une période stable. Avec les chefs de l'Armée rouge, nous avions un dialogue entre responsables militaires. Il était régulier et respectueux », explique un officier général.

Après la chute du Mur et l'effondrement de l'URSS, la Russie a quasiment disparu des écrans radars dans les armées françaises. Débarrassées de la menace qui venait de l'est, elles vont désormais se concentrer sur celle qui émane du sud et sur la lutte contre le terrorisme. Les attentats islamistes et l'engagement de la France au Sahel ont aidé à écarter la menace russe. « Les militaires n'ont jamais considéré les Russes comme des ennemis après la guerre froide. Nous étions accaparés par les opérations extérieures, les opex. Nous avions oublié que la Russie était un empire et que Vladimir Poutine rêvait qu'elle le redevienne », explique un officier. La Russie fait d'autant moins peur que sa puissance paraît incomplète et que les chefs d'état-major français ont toujours entretenu d'excellentes relations avec leur homologue russe, notamment le général Guerassimov, l'actuel chef d'état-major, nommé commandant des forces russes en Ukraine en janvier 2023. Il avait, racontent les généraux français qui l'ont rencontré, un

« franc-parler » et un « langage de vérité ». « Avec lui, le dialogue était toujours fructueux et argumenté. On avait de vraies discussions », dit l'un d'eux. Les relations étaient « difficiles » et « fausses » avec le chef de la diplomatie Sergueï Lavrov, mais toujours fluides avec les chefs militaires russes, considérés comme un lien indispensable pour relancer le dialogue franco-russe. L'armée représentait l'ancien empire, un pays fort, discipliné, très bien armé, doté d'une vision stratégique et de la bombe nucléaire, rompue à la verticalité du pouvoir, un peuple blanc et orthodoxe, fidèle à ses racines, à sa culture, à son histoire. Tout ce qu'aiment les élites militaires françaises. Avant la guerre, la proximité entre militaires français et russes se traduit aussi par un partenariat entre l'IHEDN, l'Institut des hautes études de défense nationale et un think tank russe issu du KGB, dirigé par des généraux du SVR, les services de renseignement extérieur russes. Jusqu'à ce que l'Élysée y mette fin, deux ou trois ans après l'annexion de la Crimée.

Comme le tropisme franco-serbe, le tropisme franco-russe s'appuie aussi, chez certains militaires, sur le penchant anti-américain. Ce biais typiquement français, héritage du retrait du commandement intégré de l'OTAN décidé par le général de Gaulle en 1966, est censé refléter une sorte de gaullisme, de souveraineté et d'indépendance à la française, incarner aussi une position « médiatrice » que la France se devrait d'avoir entre les deux grands. La méfiance vis-à-vis des États-Unis, amplifiée par la guerre de George Bush en Irak en 2003, décidée à partir de faux renseignements, se manifeste surtout chez les anciennes générations, celles qui ont vécu la rupture avec l'Alliance atlantique. Certains en arrivent même à justifier l'annexion de la Crimée comme une conséquence de la politique de George W. Bush, qui voulait faire entrer l'Ukraine dans l'OTAN. « Derrière cette thématique anti-américaine, on trouve également la peur de la modernité et de la mondialisation, attribuée aux États-Unis », écrit l'historienne Françoise Thom dans l'article « Réflexions mélancoliques sur l'élection française », le 22 avril 2022, pour Desk Russie. En promouvant l'alliance franco-russe, certains militaires sont persuadés de poursuivre l'action du général de Gaulle, qui considérait que l'Europe s'étendait de Brest à Vladivostok. Ils ont l'impression de défendre l'idéal d'une France « souverainiste » contre une Europe forte et unie et contre un lien transatlantique fort. Considérée comme un « partenaire incontournable », la Russie séduit aussi par son caractère étatisé et ses penchants centralisateurs qui rappellent le jacobinisme français, de même que par son fort tropisme antilibéral. Face au vide de leadership occidental, la froide détermination de Vladimir Poutine séduit dans les armées. Alors que la France a été marginalisée en Syrie, l'intervention russe pour soutenir le régime de Bachar el-Assad a pu créer l'illusion chez certains militaires que Moscou avait une stratégie réaliste face à la pusillanimité occidentale…

Mais la relation à la Russie diffère selon les trois armées. Pour la marine, dont les deux missions principales sont de protéger la force océanique stratégique, c'est-à-dire d'assurer la liberté d'action des SNLE, les sous-marins nucléaires lanceurs d'engins et donc la permanence de la dissuasion, mais aussi de garantir la liberté de circulation dans les mers, la Russie, dont les sous-marins s'aventurent de plus en plus loin, est toujours restée une menace, même depuis la fin de la guerre froide. L'armée de l'air a une position médiane. Elle a considéré que la menace russe s'était éloignée depuis la chute de l'URSS avec l'effondrement du pacte de Varsovie, mais qu'elle était toujours présente avec la puissance nucléaire. Quant à l'armée de terre, elle a quant à elle estimé au début des années 1990 que la menace qui venait de l'est avait complètement disparu d'un point de vue physique. Et pour cause : entre la Russie et la France, des États tampons hostiles au Kremlin faisaient désormais rempart avec les pays de l'Union européenne. Le danger, désormais, venait du sud et seulement du sud. « On entendait la musique de Vladimir Poutine, mais elle ne se traduisait pas par des menaces concrètes. On s'est trompés », reconnaît un officier général de l'armée de terre. Pas étonnant que les plus attachés à la relance du dialogue avec la Russie aient été les terriens.

Le sentiment anti-américain n'est pas le même non plus dans les trois armées. Il est plus fort dans l'armée de terre, où certains officiers se sentent davantage proches de Moscou que de Washington. Il est presque inexistant dans l'armée de l'air, une arme plus jeune, qui n'a jamais cessé de travailler avec les Anglo-Saxons puisque les aviateurs n'ont jamais quitté le commandement intégré de l'OTAN après le retrait de De Gaulle. C'est la même chose dans la marine, généralement épargnée par le tropisme russe. Le sentiment vis-à-vis de la Russie diffère aussi selon les générations. Les anciens, ceux de la guerre froide, sont plus proches de Moscou que les plus jeunes, qui ont vécu à l'ère des coalitions et ont travaillé naturellement avec les Américains au sein de l'OTAN. « La culture pro-russe est en train de se dissiper. La génération des années 1990, celle qui préférait les Russes aux Américains, est en train de s'estomper », confirme un officier général.

L'annexion de la Crimée en 2014 avait provoqué un réflexe pro-russe dans une partie des cercles militaires et dans le monde du renseignement. Mais la nouvelle guerre contre l'Ukraine le 24 février a produit un choc dans les armées. Elle s'est traduite, officiellement, par une « désapprobation absolue » dans les rangs militaires, comme le dit un officier. Non que l'armée française, qui alertait depuis plusieurs années sur le risque d'un retour des conflits de haute intensité, n'ait anticipé la possibilité de nouvelles guerres antiétatiques. L'attitude hostile de la Russie envers la coalition antiterroriste en Syrie, puis ses provocations à l'égard de l'armée française en Afrique, en République centrafricaine et au Mali où les mercenaires de la société russe Wagner, proche du Kremlin, ont chassé les soldats français, avaient sonné l'alarme dans les états-majors. Mais l'attitude « compréhensive » vis-à-vis de la Russie de Poutine, ajoutée à une analyse réaliste et pragmatique de la puissance russe, sans tenir compte de la force de l'idéologie qui motive les décisions de Vladimir Poutine, ont poussé les armées à des erreurs d'analyse. Les signaux faibles n'ont pas été entendus. « On a dédramatisé le détricotage des accords qui garantissaient la stabilité du continent, comme ceux d'Helsinki. En 2014, nous n'avons rien vu venir. Et en février, nous avons considéré que l'option de l'invasion était improbable, car non rationnelle. Les Américains affirmaient le contraire, mais les Français se méfient toujours du renseignement venu des États-Unis. Car il est américain. Surtout depuis la guerre en Irak. Comme les hommes politiques, les militaires n'ont pas voulu voir la réalité en face », explique un officier général. Le chef d'état-major des armées a depuis admis que l'analyse de la DRM, la direction des renseignements militaires, était erronée. « Aujourd'hui, on va devoir se remettre à la Russie ! » commente un officier.

Même si la plupart des officiers ne cautionnent pas la guerre de Vladimir Poutine, encore moins la manière dont l'armée russe la conduit, le sentiment pro-russe persiste depuis le 24 février dans une petite partie de l'institution. Avec une sorte de regret. D'abord, chez certains généraux en retraite, appartenant à la 2e section, c'est-à-dire qui sont maintenus à la disposition des armées. C'est le cas du général Pinatel, auteur de *Russie, alliance vitale*, préfacé par un conseiller de Vladimir Poutine et vice-président du think tank Geopragma, qui voudrait une « nouvelle alliance de revers » avec la Russie et la sortie de l'OTAN. Beaucoup, affirment les officiers d'active, sont mus par l'amertume d'une carrière inachevée, la rancœur envers l'institution militaire ou par des croyances idéologiques complotistes qui les rapprochent de Vladimir Poutine. Certains considèrent que sans l'Ukraine, la Russie cesse d'être un empire et que les États-Unis sont responsables du conflit. Mais ces idées sont peu partagées par les généraux d'active, qui savent tout le bénéfice que la France retire de son adhésion au commandement intégré de l'OTAN et tout le danger qui vient aujourd'hui de Moscou.

Un autre public, celui des « catholiques tradi », à droite et conservateurs, sont séduits, non pas par Vladimir Poutine, mais par le système russe qui promeut l'ordre, la tradition, les valeurs européennes. Ils invoquent la « sainte Russie », allié civilisationnel face à un Sud islamiste qui étend son influence en Europe. Ce public, assez représenté dans l'armée de terre, est sensible aux questions de morale, de société, de religion, de discipline. Vladimir Poutine apparaît comme un président qui tient son pays, un homme fort qui fait régner l'ordre. « Certains militaires apprécient la verticale du pouvoir de Vladimir Poutine et du modèle russe. Le président russe est pour eux un vrai chef, qui décide et agit. C'est quand même un comble ! Vladimir Poutine a réussi à se faire passer pour de Gaulle auprès d'un certain public français ! » commente un officier général. Le président russe est aussi celui qui incarne les valeurs morales et religieuses des anciennes sociétés européennes, aujourd'hui bafouées par les pays d'Europe de l'Ouest. Il défend la famille, les traditions, l'Église et les chrétiens d'Orient. Il lutte contre les LGBT et le mariage pour tous, contre la libéralisation des mœurs, symbole selon lui d'un Occident décadent. Là où les démocraties occidentales ont ouvert la voie à une immigration massive qui menace l'identité et la cohésion de leurs pays, Vladimir Poutine a restauré la verticale du pouvoir et un ferme contrôle de ses frontières.

D'une certaine manière, cette attirance des militaires pour la Russie reflète les rapports de force existant dans la société française et même dans toute l'Europe. L'ambiguïté des autorités françaises vis-à-vis de la Russie de Poutine, davantage ménagée qu'à l'est du continent, le fait que trois grands candidats à la présidentielle (Marine Le Pen, Éric Zemmour et Jean-Luc Mélenchon) aient eu des relations de complaisance – au minimum – avec le maître du Kremlin, n'aident pas à chasser les attirances pro-russes dans l'armée française, bien au contraire. Ce n'est pas seulement l'apanage des militaires : une partie des opinions publiques et des élites politiques d'Europe occidentale considèrent que la Russie, même si elle dépasse les bornes en Ukraine, défend avec vaillance les « valeurs traditionnelles », la « civilisation européenne » et la « souveraineté des États ». Les militaires français sont-ils vraiment davantage pro-russes que le reste de la société française ? En tout cas, les opinions des officiers n'ont jamais aucune traduction concrète, ni dans les opérations extérieures, ni dans les états-majors. Car l'armée est toujours loyale à son chef et à la République. Comme les autres institutions, elle est une somme d'individus qui pensent différemment. « Mais sa particularité, c'est que même quand il n'y a pas d'adhésion individuelle, il y a toujours une adhésion collective », rappelle un officier général.

Conclusion

Un possible virage à l'est

L'Europe a deux visages, qui ne regardent pas dans la même direction. En quelques mois, la guerre en Ukraine a redessiné la face du continent, qui se divise désormais en deux camps distincts sur la Russie. D'un côté, le camp de la paix, représenté par Berlin et Paris, par l'Espagne et parfois par l'Italie, par la Grèce aussi, a pensé, en tout cas jusqu'au mois de janvier 2023, qu'un pansement diplomatique pouvait calmer l'ours russe, quitte à lui donner en gage pour un temps un pot de miel, c'est-à-dire un bout d'Ukraine, la Crimée, pourvu que le conflit ne dégénère pas en une troisième guerre mondiale, avec attaque nucléaire en prime. De l'autre, le camp de la victoire, majoritaire à l'est de l'Europe, estime depuis le premier jour de la guerre que le seul moyen de se débarrasser à long terme de la menace russe est de rester ferme et de l'affaiblir jusqu'à ce qu'elle mette le genou à terre. Pour ce groupe dont les représentants les plus vocaux sont les pays baltes et la Pologne, dont les derniers soldats de l'Armée rouge ne sont partis qu'en 1993, cette manière de voir les choses est aussi la plus juste et la plus morale.

Ce dilemme a été incarné de façon spectaculaire à Davos, en juillet 2022, par deux grands intellectuels américains, tous deux nonagénaires, tous deux européens d'origine et juifs rescapés du nazisme : George Soros et Henry Kissinger. Le premier considère que la justice s'obtiendra au prix d'une guerre prolongée, qu'un cessez-le-feu est « hors d'atteinte », car on ne peut pas faire confiance à Vladimir Poutine et que le meilleur moyen de préserver la civilisation démocratique et occidentale est de le vaincre aussi vite que possible et de favoriser une défaite stratégique de la Russie, afin qu'elle soit durablement affaiblie. Il faut à tout prix, selon George Soros, éviter une répétition de 1938, quand les Français et les Britanniques avaient encouragé Hitler à la conquête en fermant les yeux, dans les accords de Munich, sur son annexion de la partie germanophone de la Tchécoslovaquie. Il se dit certain que le moindre compromis avec Vladimir Poutine l'encouragerait à poursuivre sa prédation. Le second, Henry Kissinger, pense au contraire qu'il faut privilégier la paix et le compromis. Ses idées sensibilisent surtout la France, l'Allemagne et l'Italie. Et sa référence historique est, comme le président français, celle de la Première Guerre mondiale, quand l'humiliant traité de paix de Versailles, en 1919, aurait fait le lit du revanchisme allemand et du nazisme. Pour Henry Kissinger, il ne faut surtout pas pousser la Russie, un pays doté de l'arsenal nucléaire, au désespoir. Cette école de pensée, très impopulaire à l'est de l'Europe, aurait trouvé avantage, quand c'était selon elle encore possible, à une restauration du statu quo en Ukraine, même si c'était pour entériner l'occupation russe de la Crimée et d'une partie du Donbass. Car pour elle, de toute façon, a-t-on entendu de si nombreuses fois avant le 24 février, « la Crimée est russe » ! Et elle le serait restée si Nikita Khrouchtchev n'avait pas, dans un geste « regrettable », donné la péninsule à l'Ukraine en 1954. Comme la soi-disant agression de la Russie par l'OTAN, cette assertion est pourtant également fausse. Lorsque les Russes, en violation d'un traité, annexent la Crimée pour la première fois en 1783, celle-ci est très majoritairement tatare. Elle n'est ni russe ni ukrainienne. La Russie et l'Ukraine ne s'installeront que progressivement dans la péninsule. Et jusqu'en 1944, les Russes ne seront pas la majorité de la population en Crimée. Ils ne le deviennent ensuite que grâce à la brutale déportation des minorités, notamment tatares.

Depuis le début de la guerre en Ukraine, leur situation géographique et leur position stratégique offrent aux pays de l'Est un impact incontestable sur l'évolution de l'Union européenne. Aujourd'hui les pays de l'Est, principaux soutiens de l'Ukraine, forment un pôle puissant, renforcé par l'autorité morale que leur donne la bonne posture face à la Russie. Paris et Berlin, qui se sont trompés sur l'analyse de la nature du régime poutinien et résistent toujours à l'idée que le front ukrainien sépare le monde libre de la dictature, ne peuvent revendiquer cette autorité morale. En quelques mois, les Européens de l'Est sont devenus des pivots géopolitiques, des acteurs géostratégiques incontournables, tandis que la parole de Paris et de Berlin est moins écoutée. « L'Europe centrale et orientale a des raisons de se lever et de défendre son influence et si elle n'accumule pas la puissance du duopole France-Allemagne, elle a un pouvoir d'obstruction critique qui peut éroder et entraver les plans franco-allemands », prévient l'expert roumain Radu Albu-Comanescu dans *Visegrad Insight*. Le couple franco-allemand n'a plus bonne presse. « Les États les plus actifs dans le soutien de l'Ukraine contestent le primat de Berlin et Paris au sein de l'Union européenne. Par ses erreurs et ses insuffisances, la France a manqué une occasion historique d'y faire valoir sa place et sa force de proposition », pouvait-on lire le 31 octobre 2022 dans une tribune collective de think tanks et d'universitaires, publiée dans *Le Monde*.

Seul pays de l'Union européenne à posséder la bombe nucléaire, un siège permanent au Conseil de sécurité de l'ONU, une armée de projection reconnue et respectée, une vision globale du monde et une diplomatie de grande qualité, la France aurait pu, si elle avait su se placer du bon côté de l'histoire sans hésiter au début de la guerre russe en Ukraine, prendre la tête de l'Europe en défendant ses valeurs et en lui donnant un nouveau rôle sur la scène internationale. Emmanuel Macron aurait pu accompagner à Kiev, en avril 2022, quand il dirigeait l'Europe, la présidente de la Commission Ursula von der Leyen et le chef de la diplomatie européenne Josep Borrell. Il ne l'a pas fait. Il aurait pu aussi accepter l'invitation faite par Volodymyr Zelensky de se rendre dans la capitale ukrainienne au moment du premier anniversaire de la guerre, le 24 février 2023. Il ne l'a pas fait non plus, affirmant qu'il ne viendrait que le jour où il aurait des « choses concrètes » à dire et laissant Joe Biden, qui, lui, avait fait le voyage, incarner seul cette semaine-là le soutien occidental à l'Ukraine. « Pour être un leader en Europe aujourd'hui, le principal critère est d'être du côté de l'Ukraine », analyse Camille Grand, ancien secrétaire général adjoint de l'OTAN, aujourd'hui au Conseil européen pour les relations internationales

(ECFR). Mais cette opportunité n'a pas été saisie. Quel gâchis ! « Si Emmanuel Macron avait pris la tête de la résistance le 24 février, il aurait été le roi de l'Europe. Mais il ne l'a pas fait, car il voulait garder le dialogue avec la Russie et qu'il n'a pas tiré les leçons de son échec », regrette l'ancien diplomate Michel Duclos. Le rejet, dans une grande partie de l'Europe, de la complaisance française vis-à-vis de la Russie poutinienne pourrait avoir des conséquences durables sur l'influence de la politique étrangère de Paris. Ajouté au déplacement du centre de gravité de l'Europe depuis la guerre russe en Ukraine, à l'est du continent, là où les pays refusent tout compromis avec la Russie, ce travers français contribue à marginaliser la diplomatie française et notamment son principal fer de lance, l'autonomie stratégique. C'est l'un des projets phares du président français depuis qu'il est arrivé à l'Élysée et aussi l'un des plus pertinents sur le fond. Mais les ambiguïtés françaises vis-à-vis de la Russie, la posture de dialogue permanent avec Moscou, en décrédibilisant la parole française parmi ses alliés, comme les faiblesses et les manques de l'armée française après trente ans de coupes budgétaires, l'ont rendu inaudible. En tout cas pour l'instant. Comme l'a étouffé la résurrection de l'OTAN, ressoudée autour de la vieille menace russe et le poids nouveau pris par la Pologne et la Grande-Bretagne depuis le début de la guerre. Le dialogue avec la Russie mené par Emmanuel Macron « au nom de l'Europe » sans discussions préalables avec l'Est a entraîné un rapprochement encore plus étroit entre ces pays et les États-Unis.

La France est à la traîne, même les officiers généraux en conviennent. « Il faut que la France voie les pays européens tels qu'ils sont et non comme elle aimerait qu'ils soient. La réalité, c'est que la majorité des pays européens considèrent que l'OTAN est le principal pourvoyeur de sécurité. Si nous opposons l'OTAN et l'Union européenne, nous sommes inaudibles », affirme l'un d'eux. La France, avec une communication mal calibrée, a dégradé son image dans la majeure partie de l'Europe. Le président de la République a brouillé la sienne en exprimant, parfois dans un même discours, des positions fermes et sans concession face à Moscou et la nécessité d'aider Kiev jusqu'à la victoire, puis, quelques phrases plus loin, disant sa volonté de retenue vis-à-vis de la Russie dans l'espoir d'une improbable médiation. « Comment est perçue la France depuis le début de la guerre en Ukraine par ses partenaires européens ? » demandaient début 2023 des responsables français à un diplomate français basé à Bruxelles. « Eh bien, ça dépend des semaines », a-t-il répondu. Et parfois même, des moments de la journée.

Certains diplomates concluent à la nécessité d'acter un « tournant radical » dans la politique étrangère de la France. « La France doit désormais abandonner son illusoire quête de "puissance d'équilibre" face à une Russie qui n'écoute ni ne respecte cette posture naïve et dépassée. Et se rapprocher des positions de nos alliés d'Europe centrale, nordique et orientale, qui se sont montrés plus lucides dans leur compréhension de la Russie » affirme l'un d'eux. La politique Europe orientale de la France a besoin d'un vrai lifting. « Il faut qu'on lève le soupçon d'anti-atlantisme de la France. Mais aussi qu'on convainque les pays de l'Est que nous avons besoin d'Europe en plus de l'OTAN », commente Jean-Louis Bourlanges à la conférence de Trouville en septembre 2022. Pour l'instant, il s'agit d'un vœu pieux. « La vision de Macron d'une autonomie stratégique européenne ne trouvera pas preneur si les États clés d'Europe centrale et orientale, qui sont en première ligne, estiment que leurs besoins sont mieux couverts par les États-Unis et le Royaume-Uni », estimait, en juin 2022, le chercheur de l'université de Waterloo Alexander Lanoszka, sur la plateforme d'analyse Rubicon.

Pourtant, les dés ne sont pas encore jetés. Ce poids nouveau pris par l'est de l'Europe n'a pas pour l'instant de traduction mécanique au niveau économique et politique. Il ne se voit pas dans les institutions de Bruxelles, où ceux qui dominent sont toujours les deux grands pays traditionnels, la France et l'Allemagne. Si le tandem franco-allemand a laissé des plumes dans la guerre, rien ne dit qu'il restera sur la touche à moyen et à long termes, même si la Pologne, qui ambitionne de devenir la première armée d'Europe, a poussé son budget militaire à 4 % du PIB. « Il n'est pas certain que les Russes perdent totalement la guerre militairement. Si des négociations s'ouvrent dans un an, que deviendront les positions maximalistes des pays baltes ? » se demande un diplomate français. La question se pose d'autant plus, ajoute-t-il, que « de nombreux États, comme l'Italie, l'Espagne, la Grèce, les Pays-Bas et l'Autriche, sont restés silencieux. Sur le sujet russo-ukrainien, ils ne s'avancent pas trop. » Le temps, tous les spécialistes s'accordent à le dire, ne joue pas en faveur des Ukrainiens, qui disposent de moins de réserves démographiques à envoyer sur le front que les Russes, et qui dépendent de l'aide de pays occidentaux peu enclins à faire des sacrifices à long terme. Sur les grands sujets économiques, qu'il s'agisse de l'inflation, des politiques de la Banque centrale européenne ou des accords commerciaux, ce sont encore les vieux pays occidentaux qui seront, et pour un temps encore, décisionnaires.

Reste que ce nouvel équilibre au sein de l'Europe a mis en lumière des fragilités. « Ce sont les pays qui ont été occupés par les Soviétiques qui parlent plus fort, car ils savent ce que signifie l'occupation de Moscou. Cela ne veut pas dire que le centre de gravité de l'Union européenne a basculé à l'est, mais cela veut dire que la prise de décision entre États membres est beaucoup plus compliquée qu'avant. Personne ne peut plus dire à la Pologne : Alignez-vous ! La complexification du monde se traduit au sein de l'Europe », explique Jean-Maurice Ripert, ancien ambassadeur de France à Moscou. Ce n'est pas la seule question. « Un des vrais problèmes qu'occultent complètement les réunions entre Américains, Ukrainiens et Baltes, c'est que l'éventuelle fragilité ne viendra pas des pays de l'Est, qui ont toujours été lucides et unanimes sur le constat vis-à-vis de la Russie. Mais des pays d'Europe occidentale – Italie, France, Allemagne, Espagne, Grèce. Si un de ces pays lâche, parce que l'opinion publique se retourne ou que l'extrême droite gagne, tout se fissurera », prévient le député européen Arnaud Danjean. Comme souvent, tout est sans doute une question d'équilibre entre les différentes politiques. Car pour tenir face à Vladimir Poutine et défendre l'Ukraine sur le long terme, l'Europe a besoin d'une vision commune, à la fois sur la menace russe et sur les frontières de l'Europe. Il est temps que la France se place du côté de l'histoire, qui depuis le 24 février 2022, fait souffler un vent nouveau sur le continent européen. Cela implique qu'elle tienne davantage compte de l'expertise des pays de l'Est pour inventer une nouvelle politique russe, véritablement, cette fois, réaliste. Et qu'elle travaille aussi à l'après-Poutine, en se rapprochant de l'opposition libérale qui, à Varsovie ou à Vilnius, travaille à un projet de sauvetage du pays au cas où le régime s'effondrerait. Car même en Russie, le pire n'est pas certain. Si elle ne reprend pas l'initiative, l'Europe risque de devenir un *Titanic* enseveli à jamais dans les eaux noires du passé.

Table

Composition et mise en pages
Nord Compo à Villeneuve-d'Ascq

CET OUVRAGE
A ÉTÉ ACHEVÉ D'IMPRIMER
SUR ROTO-PAGE
PAR L'IMPRIMERIE FLOCH À MAYENNE
EN AVRIL 2023

N° d'impression : 102354
Imprimé en France